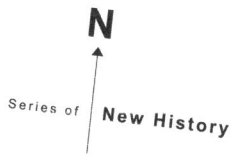

新史学译丛

The Terror of History

历史的恐怖
西方文明中生活的不确定性

［美］特奥菲洛·鲁伊斯 著

付有强 译

Teofilo F. Ruiz
THE TERROR OF HISTORY
On the Uncertainties of Life in Western Civilization
Copyright © 2011, Princeton University Press
根据美国普林斯顿大学出版社 2011 年版译出

All rights reserved. No part of this book may be reproduced or transmitted in any form or by any means, electronic or mechanical, including photocopying, recording or by any information storage and retrieval system, without permission in writing from the Publisher.

"新史学译丛"编辑委员会

主　编：彭　刚　陈　恒
编　委（按姓氏音序为次）：
　　陈　栋　陈　新　顾晓伟　洪庆明　李任之
　　李子建　梁　爽　刘北成　刘耀春　吕思聪
　　孙宏哲　王春华　岳秀坤

目 录

序 言　/ 1

第一章　历史的恐怖　/ 9

第二章　宗教与来世　/ 39

第三章　物质世界与感官　/ 83

第四章　美与知识的魅力　/ 125

结 语　/ 159

索 引　/ 165

序　言

　　2005年初秋时节，成群结队的游客的喧闹如往日一般让人心烦。在托斯卡纳温暖而耀眼的阳光下，我漫步于佛罗伦萨的大街小巷，在奥特拉诺区的圣灵广场（Oltrarno Piazza di Santo Spirito）寻求远离喧闹人群的安宁。彼时我已经在构思本书，尝试着想象在1348年漫步于这座城市会是怎样一种情形。重温历史并非总是明智的，甚至也并不是游客们想要的。但是，对今天的游客而言，1348年的佛罗伦萨可能既是非常熟悉的，又是极其陌生的。比如，一座中世纪的城市，特别是一座像佛罗伦萨这样在那年年初有着大约十万居民的大城市，它的种种气味、喧嚣与热闹程度可能会让大多数西方人跌破眼镜。不过，在14世纪中叶，令21世纪的游客蜂拥而至并执着寻觅的重要地标——米兰大教堂（the Duomo）、维奇奥宫（Palazzo Vecchio）、领土广场（Piazza de la Signoria）、老桥（Ponte Vecchio）及圣克罗斯（Santa Croce）的方济各会教堂——已经成为该城市的主要景观。然而，对现代的旅行者来说，那年晚些时候困扰佛罗伦萨和欧洲其他地区的恐怖事件毫无预兆地就发生了。

　　感谢众多历史学家对有关黑死病及其影响的全面记述，相比于1348年的佛罗伦萨人，我们对这场瘟疫给整个社会、经济、文化和人口造成的影响的了解要多得多。但记述这些事件的历史被单纯地局限在学术领域。如此一来，我们便无法理解这场瘟疫的残忍的迫近感，也无法理解人们当时切身体验到的那种现实。因此，请允许我向你重述漫长而又麻烦不断的西方及世界历史上最为恐怖的故事之一。1348年底，很少有人会为欣赏其中新建的、美丽的世俗或宗教地标而穿行于这座城市。那一年，一如在欧洲大多数地区所发生的情况一样，一场猛烈且致命的瘟疫突然袭击了这座城市。这场瘟疫对佛罗伦萨与欧洲社会以及人们的士气和情感的打击几乎是致命的。在极短的时间内，该城市近半数的人死于非命。穷人的死亡比例较人口中的其他组成部分更高，一如2005年的卡特里娜飓风（Hurricane Katrina）导致的悲惨情形。犹太人的情形也一样，尽管有一些错误的断言一再主张相反的情形。父母遗弃子女，子女抛弃父母，丈夫抛弃妻子。无私和虔诚得到的回报常常是可怖的死亡。自私，常常表现为逃离病人或中断与病患的所有接触，人们反而因此获得一线生机。在整个欧洲，情况都大同小异。在几乎长达六个月——这是疾病征服最脆弱的人群通常所需的时间——的时间里，生活停滞了。政府、教会机构及个人都无力应对黑死病的侵袭。

瘟疫源自东方，沿着商路缓慢传播，并抵达爱琴海沿岸。接着，瘟疫由商船带至西西里（Sicily）。不久之后，它侵入意大利半岛，并传播到欧洲其他地区。经由跳蚤的叮咬或空气的污染（打喷嚏或咳嗽）而传播，淋巴腺鼠疫（bubonic pestilence）导致的死亡令人非常痛苦，使人触目惊心。先是腋窝、腹股沟、脖子长疮，身体上出现青灰色的斑痕（黑死病的名称便源于此）；之后是内出血、腹泻不止、吐血及其他令人毛骨悚然的症状。对身受其苦的病患及他们的亲人来说，不幸中的万幸是死亡来得很快。在现代西方社会，我们将病患和临死之人藏匿于医院或类似的机构之中，因此我们很难理解这样的疾病对一个社会——例如中世纪的社会（在这样的社会里，肮脏、贫穷与疾病是寻常之事）——造成的影响。佛罗伦萨发生的事件重现于其他西欧城镇与乡村，引发了幸存于黑死病的亲历者的思考。被称为"胖子"的锡耶纳市民阿尼奥诺·迪·图拉（Agnolo di Tura）告诉我们，他亲手埋葬了自己的孩子。他是没有离弃生病的孩子，而是留下来照料他们并最终将他们埋葬了的那种父亲。修道院为瘟疫的传播提供了理想的场所，因此多数遭到破坏。在某些地方，如卡斯蒂尔（Castile）北部，文献资料在瘟疫之后差不多"中断"了十年，就好像生活、对逝者的纪念、地产易手以及其他的人们的日常活动全都戛然而止。没有人比乔瓦尼·薄伽丘对这场灾难的记录更翔实准确、更令人毛骨悚然。他是著名作家、教会成员、佛罗伦萨市民，他目击了他深爱的城市爆发瘟疫。在他那部令人着迷的《十日谈》（*Decameron*）的序言中，薄伽丘为我们理解这一衰竭性疾病提供了指导，尤其帮助我们理解了佛罗伦萨市民对疾病侵袭的反应方式。

在试图解释黑死病的爆发及其在佛罗伦萨肆虐的原因时，薄伽丘为读者呈现了一系列可能的解释。他告诉我们，黑死病之所以爆发，"要么是因为天体的影响；要么是因为上帝正义之怒，它是我们凡人因邪恶的行为而受到的一种惩罚"。一如薄伽丘描述的那样，面对瘟疫的侵袭，人们以各种方式进行着回应。虔诚的祈祷和宗教行进（religious processions）并无用处。一些人离开了病人，过着有节制的生活，只吃最精美的食物，喝最好的酒，对死亡避而不谈；另一些人则以欢宴、纵情声色及酗酒的方式来拥抱生活。就像一首童谣里说的那样，"在我们全都倒下"之前，一些人选择了中间道路：他们来到野外，鼻子旁掩着花朵，衣裤兜里塞满花束，以免吸入臭气。为了寻求安全，其他一些人逃到了乡村。不过，还有一些人试图通过写作来逃避或理解这场灾难，薄伽丘便是这样做的。所有的方式都无济于事。因为，无论是留下来的人们，还是逃离的人们，死亡都同样追逐着并随意地杀戮着他们。

薄伽丘的《十日谈》是一部邪恶、淫秽却又令人愉悦的故事集。在他的导言中，就人类面对灾难倾向做出的反应方式而言，我们得到了明确的指引。我们可以将它们简化为三四种特定的类型。在随后的一章中，它们将得到更为深入的探讨。首先，人类拥抱宗教，为势不可挡的瘟疫的残酷提供解释，并找到某种解脱之道。在薄伽丘的那个时代，宗教服务于两种特定的、相互抵牾的目的。一方面，宗教蕴含着阻止、逆转或延缓灾难的希望。那即是说，在"薄伽丘时代"的佛罗伦萨，宗教行进首先旨在通过神的介入和为人类的罪恶赎罪，因而获得宽宥并解除人类承受的上帝之怒，从而阻止瘟疫。与此同时，接受上帝行为的无法解释，有助于将无法解释的负担转变成神的行为。事情很可怕，但是，上帝，或者如我打算在这本书中讲的那样，"神"（像父亲一样）最为了解。

西班牙有一句谚语，"*a Dios rogando y con el mazo dando*"，直译是"向上帝祈祷，同时要用锤子敲击"，这大致与"天助自助者"的意思相同。因此，除了宗教行进与祈祷（毕竟在14世纪中期的佛罗伦萨与其他地方，它们被证明是如此不起作用）之外，还需要其他的行动。一些人拥抱物质世界，借助放纵的行为宣称：如果一个人很快就会死去，那他不妨过着快活的日子死去。在某些方面，饮酒、作乐、荒淫属于替代祈祷、承认形势无可救药的肉欲选择。吃美食，喝美酒，拒绝谈及死亡或丑陋的事情,同样是拥抱物质世界的一种方式。此外便是那些逃离的人们。如同薄伽丘《十日谈》中的主角,一些人离开城市前往乡村,在乡村宅邸中去寻求庇护;他们在那里过着快活的日子,相互之间讲述着有趣而喜闻乐道的故事。在某些方面,《十日谈》的写作本身,便是对残酷的瘟疫的一种美学回应。讲故事,尤其是重口味而又幽默的故事,是反抗降临在欧洲的黑暗的另一种方式。

当然,还有另外一种回应常常被历史学者忽略:人们留下来照料病人并继续着艰难而琐碎的日常生活。他们亲自埋葬逝者,有时是埋葬自己的妻小;他们帮助他人,不酗酒,没有放荡行为,也不从事写作。在书写逃避历史以及面对我称之为"历史的恐怖"的各种恐怖事情——人类历史的残骸、灾难以及诸如此类的事情——时,我们通常会忘记讲述有关那些继续执着于让世界正常运转的人们,那些面临严峻考验却试图咬牙坚持的人们,以及那些经历严峻考验却设法继续生活的人们的故事。观看了斯派克·李(Spike Lee)有关新奥尔良决堤的感人纪录片之后,(我发现)薄伽丘对佛罗伦萨瘟疫的描述中的所有回应同样适用于那些求助于神的人们、通过劫掠而谋求物质财富的人们、面对当局与联邦政府的无能和懈怠时逃离该城市的人们。然而,面对飓风及随后的懈怠所造成的莫名恐怖,令人鼓舞的是一些小小的牺牲及一些充满勇气和被藐视的不起眼的行为。在随后的篇章中,我将集中探讨这三种回应:宗教、拥抱物质世界、对灾难的美学回应。不过,我们不应忘记那些没有屈服的人们,那些通过自己的牺牲和不屈不挠而让恐怖远离我们并阻止我们陷入完全的混乱与黑暗的人们。

在我开始思考这些问题以及人类对历史的恐怖的回应时,我记起几年前收到的一封真诚的电子邮件。我曾为"教学公司"

（Teaching Company）录制过一些音像磁带。在其中一次录制中，我将宗教、物质文化乃至美学方面的偏好界定为逃避的形式。一位敏锐而深思的听众给我写了一封热情洋溢的信，谈及她本人对那一可怕困境的思考。这一困境是一个像人类意识本身一样古老的问题，是我们所有人都要面对的。虽然我们可以利用诸多的方法去应对世界和人类历史中种种让人伤心的现实，然而我们知道，或者我们中的许多人认为自己知道，在我们的内心深处，"那些分散我们注意力的复杂方法、那些无法解释的事、那些生活和历史有时抛给我们个人和以集体形式抛给我们的可怕的事情，皆是幻觉"，与我通信的人这样写道。从本质上讲，这些缓解历史的恐怖的手段本身并没有效果，它们不过是幻象而已。露丝·麦凯（Ruth Mackay）阐述道："历史是我们背负的十字架"。[1] 在接下来的段落里，我希望讨论的正是这一幻象、"十字架"及如何对待被禁止的可怕知识。

如同我的大多数著作一样，这本书酝酿了很长时间。不过，它也一直是我持续痛苦的源头。对一位职业历史学者来说，摒弃自己的专长，去写一部其中连续不断地夹杂个人叙述的书，是困难的。一部没有注解的书？一部最低限度使用学术工具的书？一部个人叙述——尽管这可能显得真诚——与各种学科传统交相重叠的书？这是不可能的！不过，本书便是这样的。同以往一样，我应该感激许多人。首先，我多年讲授了探讨神秘主义者、异端分子和女巫的课程，其想法完全借鉴大约四十年前西奥多·K. 拉布（Theodore K. Rabb）在普林斯顿精彩的研究生讲座。在几乎同样长的时间里，我还从数以千计的学生的

---

[1] Ruth Mackay, "Lazy and Improvident People": *Myth and Reality in the Writing of Spanish History*, Cornell University Press, 2006, p. 249.

意见、评论及回应中获益，这些学生注册并选修了我在布鲁克林学院、普林斯顿大学及现在的加州大学洛杉矶分校开设的这门课程。他们是这本书真正的灵感之源。这里讨论的许多想法及回应，是对我同这些喜欢刨根问底的年轻男女的谈话和讨论的总结。这本书既是我的作品，也少不了他们的功劳。我同样十分幸运，从那些观看我为"教学公司"录制的讲座的人们那里收到了许多的电子邮件和信件。尽管这些录制的讲座十分不同于本书的内容，但我对这些主题的基于史实的讨论得到了回应并受到质疑，它们促使我对这些运动的含义和历史地位进行更深层的思考。在大多数我的其他书的致谢中，我会列出一长串历史学者及朋友的名单，因为他们的著作影响了我思考及论述历史问题的方式。此处，我不会将一部更多属于个人性质而非历史性质的著作强加给他们。不过，如果我不感谢马克·佩格（Mark Pegg）富有见解的评论和支持，那将是一种怠慢。吉泽斯·罗德里格斯·维拉斯科（Jesus Rodriguez Velasco）对本书的书稿进行了真诚而富有洞见的审阅。如果说我并没有全然采取他的意见，那是因为只有吉泽斯才能写那样一部书。彼得·布朗（Peter Brown）——"人们所称的大师"，或许他已不记得很久以前在特伦顿（Trenton）的那次令人愉快的午餐了，但我记得。我们在那里的谈话为本书提供了大量的核心内容。他的评论现在看来弥足珍贵。保罗·弗里德曼（Paul Friedman）一直鼓舞、支持着我。我的妻子、朋友及合著者斯嘉丽（Scarlett）是我没有向"历史的恐怖"屈服的原因。普林斯顿大学出版社的萨拉·沃尔夫（Sara Wolfe）与萨拉·勒内（Sara Lerner）在本书出版的过程中提供了大量的帮助。伊娃·卓瑟姆斯（Eva Jaunzems）对本书进行了仔细而友好的审稿，我十分感激她在处理我的语法和文体不当时提供的帮助。最后，布丽吉塔·凡·莱恩伯格（Brigita van Rheinberg）始终对本书抱有信心，尽管我做得还不够充分。她一直是一位忠诚的朋友，一流的读者、编辑和评论家。在许多方面，本书既是我的，也是她的。（书中的）错误与画蛇添足之处，恐怕应当全部由我个人负责。

巴黎与洛杉矶，2010年

第一章　历史的恐怖

三十多年来，我一直开设一门本科课程，名为"历史的恐怖"（The Terror of History），一如本书标题所示。这门课程考察了中世纪和近代初期欧洲神秘主义、异端邪说、魔法与巫术的发展。选我的课程的人通常很多，但参加我的同主题讲座的人则更多。我一直以为学生们之所以蜂拥而至聆听这门课，是因为它讨论的主题"离经叛道"。然而，年复一年，众多的学生热切地选修着这门课，其动因却并不限于课程的神秘或"魔幻"一面，他们多数是来寻找关于存在性恐惧的答案，寻求理解并应对他们生活于其中的世界的严酷，这让我深受触动。

我们可以争辩说，大学生通常出身富庶且太年轻，很少能理解由历史事件和生存性问题引发的恐惧与焦虑。在我们生活的这个唯物质论的冷漠时代，精神关切在追逐商品、职业或好工作面前常常变得黯然失色。通常人们反思法律是什么或者是为了什么而选择了法学院，在大多数时候胜过了反思生活。出乎意料的是，很多学生不仅认真听了这门课程，他们还到我的办公室，带着对他们在这个世界上所处位置的内心的疑惑，以通常只有青年人才能做到的诚实，讲述着他们的恐惧和不确定，质疑着他们的信仰或信仰的缺乏。这甚至更加让人有所感触，因为我自己（采用）的方法是高度存疑，假定种种神秘主义的体验与巫术信仰都是逃避历史的形式，或者，在低年级本科课程的严格的功能主义模式下，它们是上层阶级进行统治或以信仰、迫害来逐步实现其目标并增强权力的一种方式。从某些方面讲，本书是一种诚实的尝试，它试图回答我在多年的教书过程中学生提出的疑问，并提供一些解释，以摆脱（并力图戳穿）诸多当前流行于公众读者中的、虚构的或自助式的描述。在最近的二十余年中，这样的书，无论是盛行一时的玄学研究——依照丹·布朗（Dan Brown）的模式对各种神秘事件进行小说式重现，还是自助式的书籍，都对大众的想象产生了影响。

本书同样是我本人回答这些问题的一种尝试：尽管教书和写作已有三十余年，但我仍然不确定它们的答案是什么，甚至更糟糕的是，我不确定它们是否有答案。这学期（2010年秋季学期），我讲授从"大爆炸"（Big Bang）到公元500年的世界历史导读课程。与学生们一起阅读包括《吉尔伽美什史诗》（The Epic of Gilgamesh）、《阿维斯塔》（Avestas）、《佛陀生平》（Life of the Buddha）、《梵歌》（Gita）等其他类似的书籍，我甚至感到前所未有的困惑。不过，我也更加强烈地意识到我们作为人类对意义的无尽探求。

本书阐述的内容

以最简洁的话来说，本书反思或思考的是：西方社会中的男人和女人怎样寻求对他们生活的世界的理解，以此反映或思考个人或集体生活中经常令人不安的历史事件。这本书同样论述了他们成功地实现这些目的的方式，即拥抱宗教体验、追逐物质世界、寻求美学上的狂喜等世俗的方法或异乎寻常的方式。

有时，这些行动和信念像是逃避主义的一种形式，像是某些个人或群体希望逃离历史桎梏并营建不同的、常常也是非历史性的生活的方式。不过，这本书同样回顾了各种直面历史重负和世界不确定性的努力的意义和效用。

大致从古代世界到晚近的漫长时期里，男人们和女人们一直尝试着理解世界。在随后的篇章中，我将仅对他们理解世界的方式的一些不同实例加以考察。我的探究将以主题的形式而不是按年代顺序展开，涵盖数个世纪，重点突出特定社会或个人的行为模式，并以西方的某些个人或群体面对或逃避其所处时代的残酷的方式作为例子。我并不认为这些经历在不同时期得到了仿效，或者它们全然相同。每个时代都具有独特的时代背景，并对各种受环境影响的危机做出了回应。我同样不认为这些经历或回应曾经是（或是）普世性的。它们过去不曾是，现在也不是。如果我过去曾这样主张的话，那讲授世界历史显然纠正了我的这一偏见。而且，如果说我强调的是西方男人和女人的经历的话，那得益于我掌握的欧洲社会的知识和专长，我对世界其他地区所知的极为有限。不过，我确信，可以写一部关于世界其他地区的、类似的，甚至更有意义的书。

我曾长时间思索、推敲和讲述这些事情。如我前面所写，在任何情况下，我都没有声称得到了这些问题的答案，抑或能借助某种清晰而直接的阐述，去解释这种复杂机制：它们促使人类以通常无法预测的方式对历史或自然灾难做出反应。与大一和大二的年轻学生有时出现的情况一样，在很多方面，我也常常感到困惑，觉得毫无头绪。年龄恐怕并不必然带来智慧。我一直渴望努力应对这些问题，并竭尽所能想出一种诚实的答案，以回答人类历史上的一个核心问题：面对生活中种种可怕的挑战，我们将如何行动、如何应对？为什么？这一反思的核心之处同样也是一个希望，即不要以辉格式（Whiggish）的[①]或线性模式[②]看待和理解历史与历史进程，而是将（各种）历史理解为我们的生活中不断展开的、既无法预测又容易引起争论的场景（context）。更为重要的是，这些反思试图理解为何我们常常会有这样一种寻求意义并拥有意义的无尽欲求。悲剧不仅是一种文学借代，也是一种自我表述的形式和生活的形式，贯穿于历史进程之中。

什么是历史的恐怖？

对我们生活的世界的焦虑及对我们个人生活的焦虑，并不是容易伤春悲秋的一小群年轻学生独有的，也不是愤世嫉俗的老年学者特有的。在某种程度上，我们所有的人都容易受到这些压力的影响，并试图以各种方式将自己隔离在历史的压力之外。毕竟，个人的悲剧、个人承受的压力以及更为广泛的历史现象几乎影响到所有人。人们日常关注家庭、工作及人际关系，还共同关注更为广泛的问题，如战争、国家政策、国际冲突和生态灾难等。在今天的世界中，报纸和电视新闻上连续不断的报道、评论和小道消息，不断地提醒着我们历史的残酷。任何一位阅读新闻或关注国际舞台的人，只要还算理智，他的"世界尚属正常，甚至还算理性"的信念就会发生动摇。有序的公民社会的另一面是达尔富尔（Darfur）的种族大屠杀，伊

[①] 历史的辉格式解释，指从当前状况出发，将历史的发展理解为按照其内在逻辑向现在演变的过程。——译者
[②] 线性模式，即认为历史是按照时间顺序发展的。——译者

拉克、巴勒斯坦、克什米尔和其他地区的部族暴力,校园中肆无忌惮和无法解释的暴力事件、骇人听闻的自然灾难、政府近似于犯罪的懈怠,以及其他反复发生的同类事件。于是,在充满无尽的冲突的世界中,个人关注和集体关注交织在一起,并总会在两个层面——个人层面和更大的群体层面——引发恐惧和焦虑。

这些恐惧并不新鲜,它们同新闻报道的数量的增多也未必有关。我们同我们的祖先及史前的人们一样,都有着这样的恐惧。在一个令人关注的题为"历史的恐怖"的篇章中——我觍颜从中借用了标题——向来谆谆善诱且富有感染力的米尔卡·伊利亚德(Mircea Eliade)考察了早期智人对夜晚的敬畏,对太阳(能否)在每天早晨升起,春天(能否)重回人间的惴惴不安,以及我们对原子大屠杀的恐惧是怎样影响并继续影响着我们理解历史和未来的方式的。在半个多世纪前,当伊利亚德撰写《宇宙与历史》(*Cosmos and History*)一书时,这种恐惧最为真实。

在借鉴伊利亚德的基础上,我认为:历史的不可预测——没完没了的周期性战争、压迫与罄竹难书的残暴行为等重负——塑造着我们个人的生活和集体的生活。很少人有着加缪的《局外人》(*The Stranger*)的主角梅尔索特(Meursault)那样的勇气,或像他那样为生存而逆来顺受;也很少有人拥有梅尔索特的那种能力,仰望冷漠而浩瀚的宇宙,"初次向世界上令人痛心的冷漠敞开心扉"(je m'ouvrais pour la première fois à la tendre indifférence du monde)。大多数人试图逃避人类历史可怕的现实,试图在一定程度上理解各类事件,期望得到比我们所拥有的更美好的事物(来生?赎罪生活?青史留名?)。最糟糕的是,多数人拒绝接受宇宙、世界、上帝(?)对我们的困境的无动于衷。然而，这仅仅是开始。

戈雅（Goya）最令人不安的蚀刻版画之一《理性的沉睡催生恶魔》（*El sueño de la razón produce monstruos*）表现的是：一名博学的人伏案而睡，梦见了各种非理性的恶魔。长期以来，这一蚀刻版画是我讲述"历史的恐怖"这门课程时用来结尾的；从一定意义上讲，它也是本书的一个象征性图像。从西班牙语原文来看，标题可能有两种翻译。一是"理性的沉睡催生恶魔"，意思是：当我们不再理性（即理性沉睡）的时候，非理性的恶魔便浮现出来。在许多方面，对戈雅蚀刻版画的这一诠释更接近于西班牙文学的长期传统，它可追溯到卡尔德隆·德·拉·巴尔卡（Calderón de la Barca）杰出的喜剧《人生如梦》（*Life is a Dream*）。该剧就现实的本性提出了诸多重要的问题，是对版画标题的另一种解读，我相信这更接近于戈雅的本意和我自己的理解，是理性之梦召唤出恶魔。我这样讲想说明什么呢？

大部分的西方文明是理性和非理性之间持续的对话。理性似乎在古雅典、科学革命、启蒙运动时期，19世纪末20世纪初的欧洲，或"美好时代"（Belle Époque）[①]占据统治地位，但始终受到非理性、宗教狂热和怪异信念等的影响。戈雅似乎完全正确。似乎我们越是拥抱理性，我们的梦想就越发的不理性。请允许我从并非最近的流行文化中引用一个例子，一部具有代表性的科幻电影《禁忌星球》（*Forbidden Planet*）改编自莎士比亚的《暴风雨》（*The Tempest*），它有力地描述了理性的阴暗面：

---

① 指19世纪末至第一次世界大战爆发前的这段时间。在这一时期，随着资本主义和工业革命的发展，科学技术日新月异，欧洲的文化、艺术及生活方式发展日臻成熟。因此，该时期被称为"美好时代"。——译者

一个基于理性生活的文明，它的梦想［或者说它的本我，用电影剧本套用的伪弗洛伊德（pseudo-Freudian）术语来说］创造了恶魔，最终摧毁了地球上的所有生命。历史上的例子同样很丰富。我们长期将古雅典看作西方理性的摇篮，然而，柏拉图，这位西方思想中最有影响力的哲人，撰写他的对话集的时候，酒神庆典和神秘的献祭——俄耳甫斯典礼（Orphic rituals）、得墨忒尔崇拜（cult of Demeter）及其他半神秘的仪式——在雅典大行其道；而且，雅典还备有"人牲"（human scapegoat）。如果城中的情况变得太过糟糕，他们会随时被用来献祭。对此，我们不应感到吃惊。柏拉图最优秀的著作写于斯巴达击败雅典后不久，并且是从亲斯巴达的视角写的。尽管雅典人是我们公认的民主和启蒙的典范，但他们毕竟曾对盟友施加过具有浓厚帝国主义性质的压迫和统治，而这些压迫和统治通常也不那么理智。他们还彻头彻尾地歧视女性，雅典社会的这一点遭到柏拉图最为严厉的批评。雅典的帝国主义，成为伯罗奔尼撒战争爆发的原因之一，也成为雅典帝国最终覆灭的原因之一。我们常常忘记，正是雅典的民主制度处死了苏格拉底，而苏格拉底是柏拉图敬爱的老师，也几乎是他所有对话中的主角。政治自由并不必然带来理性的行为。

科学革命改变了16、17世纪欧洲的思想，与它并驾齐驱的是宗教战争说不尽的残忍和猎巫狂热的野蛮。狂热地推动科学发展的人们同样坚信女巫的存在，并串通起来消灭她们；在世纪末西欧"美好时代"取得的璀璨夺目的成就中，理性而优美的艺术和建筑是在欧洲帝国主义和殖民帝国的剥削下出现的；维也纳取得了伟大的文化成就，但人们选举出了一位反对犹太人，且刻薄的市长。在第一次世界大战史无前例（对该时代而言）的杀戮和破坏中，文化成就毁于一旦；在我们自己的时代，技术取得了革命性突破，大学教育普及，但美国却有大量的人坚信：末日即将来临，拣选的少数人——当然，他们总是包括在其中——将经历极乐，并被直接引领到主的面前。甚至让人更为沮丧的是这样一个事实：2008年，在一场共和党总统候选人的辩论中，十位候选人中几乎有三分之一的人公开宣称他们不接受达尔文的进化理论；与此同时，其中一些主要的候选人还主张，刑讯逼供是对付恐怖分子的"合理"方式。我们不应吹毛求疵。或许，毫无恐惧地过理性的生活是少见的，而我们所谓的理性和非理性生活共同组成了人类的生活。历史的恐怖始终困扰着我们，不断地侵蚀着我们的秩序感，以及我们对秩序的渴求。最为重要的是，它使我们的希望破灭。

书写历史并诠释它的恐怖

沃尔特·本雅明（Walter Benjamin）是20世纪上半叶最具争议性的思想家之一。1940年秋，他在西班牙毗邻维希法国的边境自杀了。在逃离纳粹德国奔向自由的途中，本雅明经西班牙过境的要求遭到拒绝，于是选择结束自己的生命，而不是返回德国，去面对犹太人及其他一些人正在遭受的日益严重的迫害。在极短的时间里，迫害便升级为恐怖的大屠杀。在他最具思想性的作品之一——《历史哲学论纲》（*Theses on the Philosophy of History*）的一个简短条目中，本雅明唤起了一连串的意象，它们强有力地阐明了20世纪不同知识分子的批判性的幻象，并为本书的一些主要话题提供了灵感。

在批判历史主义的一篇雅致的文章中，本雅明对文化的含义和历史书写进行了反思。他不仅争辩说，历史由胜利者书写——在这个杜撰新闻、操控公众舆论的时代，这个观点似乎是不言而喻的——而且，他还掷地有声地陈述道："凡是对文明的记录，同时也无不是对野蛮的记录。"[①] 每一项文化成就，每一个作为文明伟大之榜样而矗立的丰碑，都是付出代价才创造出来的。这种代价就是不公正、压迫、不平等、战争及其他野蛮行径，它们将我们个人和集体的历史转变成黑格尔描述历史时所谓的"抹杀人性的案板"。这是为什么本雅明号召我们所有的人，无论是历史学家还是其他的人"刷去历史的沉沙"，书写一种不同的记述，它们将不仅会加深我们对受害者和失败者苦难的理解，而且还力图揭示抵抗与痛苦之间的各种罅隙。

在他生动的"历史的天使"的讽喻中，本雅明阴郁的意象得到进一步的彰显。本雅明看见过保罗·克利（Paul Klee）题为《新天使》（*Angelus Novus*）的一幅绘画，这是一幅相当怪异的画，描绘的是一种让人感到威胁且变幻莫测的景象。本雅明告诉我们，他喜欢将它想象成历史的天使：

> 这是我们描绘历史的天使的方式。他的脸被扭转向着过去。在我们看来的一连串的事件，在他看来却是不断堆放残骸的灾难，并被投掷在他的面前。天使喜欢滞留，唤醒死者，修复被击碎的一切。可是，暴风雨正从天堂吹来；在狂暴中，天使的双翼被困住了，再也不能合拢。这场风暴不可抗拒地将他

---

① Walter Benjamin, *Illustrations: Essays and Reflections*, ed. Hannah Arendt, Schoken Books, 1968, p. 256.

推向未来，而这是他的脊背所向。与此同时，他面前的那堆残骸却越堆越高。这场风暴就是我们所谓的进步。①

本雅明对进步以及对启蒙运动的控诉让我们得以审视历史的另一面，审视官方的庆祝同艰辛的日常生活之间现实的差距，并意识到在我们生活的每一步中困扰着我们的各种恐怖和灾难。它同样要求我们反思这一现实，即：我们不断庆贺的西方技术进步和政治秩序，是通过向我们的边境之外持续投送力量、无休止的战争、不公正和不平等取得的。

13　　作为社会和政治群体，我们不断地受到残酷而不可预测的历史事件的"攻击"。从第二次世界大战的残杀、冷战的核恐怖、"9·11"事件及其余波，再到各种令人胆寒的新的战争形式，我们的安全感一次又一次地动摇。2001年9月11日，数以千计的人们遇难，曼哈顿下城（Lower Manhattan）的部分地区不是被摧毁，就是遭到严重的破坏。残杀及恐怖分子所选目标的象征性含义，对大多数的美国人和海外的许多人产生了潜移默化的影响。结果之一就是，恐怖分子的攻击短暂地推翻了秩序感，一如他们试图做的那样。对大多数人来说，这一举动是出乎意料的，它削弱了信任政府及/或信仰体系有能力保护我们或预见、阻止这类行为发生的基石。尽管9月11日的影响仅在极短的时间里达到了这样的作用，但它同样致使非正义战争、限制性和压制性的内部措施（它们可能是"9·11"事件的永恒的遗产）及伊拉克和阿富汗的冲突（我写这些篇章时这两场冲突已超过十个年头）在起初获得广泛的支持。战争已经而且将继

---

① Benjamin, pp. 257–258.

第一章 历史的恐怖

续导致大量无辜的伊拉克人和阿富汗人死亡,而美国人付出的代价是,两个战场上伤亡的人数稳步攀升。

这一点也不新鲜。在整个人类历史中,突如其来的灾难动摇了人们对统治者及信仰的信心,产生了严重的后果。举一个例子:在14世纪,中世纪欧洲严重的饥荒、瘟疫和战争常常暴露出(各国的)君主和教会大佬没有能力为大众提供慰藉,也无法拯救灾难的现实。王室的举措或宗教仪式的无效,加深了大众的忧虑,促使他们到别的地方去寻求答案:或逃离宗教狂热,或等待末日和革命式的爆发,或使更加不幸的人们成为替罪羊。他们的统治者也将战争视为一种选择,在一百多年的时间里,法兰西与英格兰在战场上兵戎相见。在我们自己的时代,一如伊拉克的情况清晰地表明的那样,现代政府也试图以没完没了的暴力行动打击想象或建构中的敌人,从而对危机做出回应。

从古代到晚近,当权者试图通过为不确定的局势或灾难提供暂缓性措施,以保护自己的地位。当权者经常通过精心设计的活动确立好形象,如王室驾临、宗教游行、公开行刑及诸如此类的活动,分散人们对当前邪恶势力的注意力,并现身说法,提醒人们社会等级秩序的存在和宪法权力的不可冒犯。行进和各种精彩的表演,即宗教信条的再制定及世俗权力的展示(通常是二者的结合)可能会"不遗余力地"希望缓解人们的恐惧,让人们逃离历史的恐怖和历史事件的变化无常。不过,情况并非总是如此。在某些时刻,寻常生活、持续存在的权力、井然的秩序被消除殆尽,这对个人和集体而言,太过频繁了。于是,昔日被信任的解释和支撑体系不起作用了。

除了各种不同凡响的事件或"在历史的天使脚前堆积如山"的历史灾难之外,对所有有思想的男男女女而言,关于"我们何以与如何生活,我们在宇宙中的地位"而提出的存在性问题,依然至为关键,并令人苦恼。在内心深处,我们知道生活的不确定性及答案的难以把握。希腊人早就懂得这个道理。他们对人类生存困境持最悲观的态度,索福克勒斯(Sophocles)用言简意赅却有力的话进行了概括:"不出生是最好的,胜过所有值得珍惜的东西。"尼采在《悲剧的诞生》(*The Birth of Tragedy*)中对这一思想进行了精彩的演绎,大意是:如果你不幸降生于世,那么你最好还是早些死去。

选择确实是明摆着的。一种选择是让我们接受我们所了解的世界,并极力通过自欺欺人或否认等自觉而有效的行为来对世界尽量加以利用。也就是说,尽管我们一直都知道索福克勒斯的名言,我们还是拥抱生活,选择活下去,而不是选择从未降生于世(毕竟,我们对这一行为无法控制)。实际上,此种选择提出的难题古已有之。在西方文化的奠基性文本之一《奥德赛》(*Odyssey*)中,奥德修斯(Odysseus),这位不知疲倦的旅行家和知识的探索者,屈尊来到冥府(Hades)。在那里,他遇见了众多的希腊尊贵的人,其中就有阿喀琉斯(Archilles)这位伟大的亡者之王。阿喀琉斯选择的是英勇短暂的一生,而不是漫长平庸的一生。但现在他为自己的死亡而叹息。受到奥德修斯的称赞并被劝告"不要为你的逝去悲伤",阿喀琉斯的回应流露出真情:"……不要不在乎生死,伟大的奥德修斯……我宁愿以受雇农奴的身份在土地上为某位没有土地的贫穷农夫劳作,也不愿意成为所有这些毫无生命的死人的国王。"[①]

我们对壮烈牺牲之举谈论得太多了!我们面前的另一种选

---

① *The Odyssey*, Penguin Books, 2003, p. 152.

择是蒙昧：如今天世上的许多人那样，并非出于自己的意愿而过着非人的生活，或过着浑浑噩噩的生活。在这样的生活中，挣扎着不被饿死，不被毫无意义的战争或愚蠢的暴力屠戮——想一想正在发生的大规模杀戮、残害及墨西哥贩毒集团开展的类似行动——成为一个人生活的动力。当然，结束自己生存的选择也始终存在，这种想法与加缪的断言——自杀是残酷世界中自我控制的最后一种形式——没有什么不同。不过，前面刚引用的阿喀琉斯的话是一个强有力的提醒：终结各种事务，试图逃避，尽管看起来容易，实际上是非常困难的。我们自觉或不自觉地奋力挣扎着活下去。

尽管我们在个人的生活中会承受诸多负担，但是我们依然如此。请允许我借用一个非西方的故事。在佛祖释迦牟尼（Siddhartha Gautama）的一生中，年轻的王子不断经历他人生病、年迈和离世，于是醒悟过来，并开始寻求觉悟。他为"凡是人都极有可能经历这些"的认识所触动，选择了接受启迪。他选择了一条行动与冥思的道路，这让他不再在无尽的生命之轮中一次又一次地重生，体验生活。对西方人而言，这种"将虚无作为一个人生命的目标"的观念是难以让人接受的。

然而，同佛陀一样，我们也深深地意识到生命的脆弱，疾病、老迈和死亡的无法左右。我们猜想或懂得，宇宙可能并无含义或秩序。我们通过不断地赋予意义，给混乱而野蛮的过去强加秩序，建构解释方案以谋求阐明在本质上无法解释的事物或为它们进行辩解，借此，我们同这一黑暗面进行着对抗。这些解释无法解释的现象或试图理解人类残忍的行为，即是我们所谓的"历史"，也是"历史书写"本身。以20世纪为例，这个技术和科学取得非凡成就的世纪同样是一个恐怖与杀戮肆虐的世纪。仅仅是讲述一个接一个的种族灭绝行为、一场接一场的战争，我们的核噩梦，数不清的种族清洗、宗教冲突、持续的种族主义和女性歧视，就会让任何有理性的人们不寒而栗。而且，21世纪似乎也没有什么光明的前景。

逃避历史

我们可以用诸多的方式描述人类应对灾难的各种尝试。一些经过挑选的逃避历史的方式将作为我们进行反思的框架。约翰·赫伊津哈（Johan Huizinga）是一位伟大而敏锐的荷兰历史学家，撰文论述过"中世纪没落时期"的（社会）病态与焦虑，并假定了中世纪晚期的人们应对生活中的不确定性的三种方式：宗教、财产与物质财富、美学或艺术渴求。换句话讲，在一个时代没落之际，男人们和女人们要么借助信仰（以正统的和非正统的形式）或感官生活，要么借助文化以及对美的追求来寻求安慰。我们可以将赫伊津哈的分类应用到我们自己的生活和历史体验中，并将我们的讨论置于这些范畴之中。

宗教

宗教或宗教体验，它（或它们）有多种不同的形式，从根本上讲指一个人（或众多的人）将自己置于（众）神手中的方式。宗教假定：困扰着我们私人生活的种种恐怖和集体历史的重负，是神圣计划的组成部分，是全能、全知的（众）神做出的令人无法理解却始终圣明的行动的组成部分。虔诚的男女通常会在信仰中找到巨大的安慰。尽管上帝（或众神）的行为通常似乎无法解释且残忍，但是，消除人们疑虑的信念——即上帝懂得何以此类事情需要发生——却始终存在。毕竟，崇高的目的还是存在的。最终，所有的事件，无论是可怖的还是美好的，构成了统率一切的神圣方案的一部分。在这个方案中，我们所有的人都发挥着作用。

我们不要低估宗教。最近，我参加过一个宗教仪式。在这次仪式上，一群年轻人举行了加入耶稣会（Society of Jesus）的入会宣誓。我虽声称自己是一位忠诚的无神论者，却奇怪地为这一拥挤的教堂中弥漫的高昂热情打动。这是一次非常感人的经历；并且，当我离开仪式时，我不得不再次提醒自己：一些历史学者（我自己尤其如此）未能承认信仰的力量，结果只能是损害了自己的声誉。毕竟，宗教一直在为众多的人创造着意义。至少在西方世界，它允诺救赎和来生，向那些忍受恐怖却始终忠诚于一套既定的教规或仪式的人们担保着永久的报赏，异常清晰而明确地向信徒阐述了生活的形式究竟是什么。宗教信念常被有效地加以利用和阐述——有时是以极为奇怪的形式——以应对西欧社会、经济、文化和政治的转型，以及这些变化给从古至今的欧洲人的身心造成的焦虑。然而，各种宗教的解答——要么是当权者所做的诠释，要么是与这一权力意见不合的人们所做的诠释——常常导致宗教迫害与冲突。

这确实是一个值得深思的问题：宗教努力将人的生命置于神的计划之内，强调一种信念比另一种信念更优越，这是否是战争或不公正的主要原因？诺曼·豪斯利（Norman Housley）的著作《宗教战争》（*Religious Warfare*）巧妙地提出了宗教在中世纪后期和近代初期欧洲历史上某些最为暴力的事件中所发挥的作用。证据似乎表明：受到吹捧的宗教信念同暴力、不妥协的信仰同迫害之间，存在联系。就这种意义而言，宗教暴力体现为一种怪异和有悖常情的形式，不过是应对世界不确定的又一种方式。如果一个人准备炸死自己并与敌人同归于尽，而理由是因这一举动将让他直接进入天堂，那么我们目睹的是一种极端形式的信仰。尽管植根于牺牲、殉道的长期传统及历史现实，但就其本质而言，却是非历史性的，是逃避历史与现实世界的一种形式。我们甚至不需要使用当代的例子来证明这一点。历史上可见一些极端的行为：从异教罗马的基督教殉道，信徒在卡努多斯（Canudos）强烈的自杀性防卫（见第二章），到其他形式的虔诚之举。宗教为无法解释的现象提供了解释。不过，许多人并不接受宗教的种种解释。许多人，包括我自己，并不信教。一些人，即便信仰上帝或众神，却同样坚定地，有时甚至是痛苦地，背弃有组织的宗教或宗教仪式。问题或许并不来自信仰本身，而来自各种不宽容的宗教信仰形式。

拥抱物质世界

众多丧失信仰或从来就不曾有过信仰的人们，想出种种办法去阻隔恐怖的历史幽灵，而这些办法同虔诚的人们所想的方法一样错综复杂。在整个人类存在中，许多人拥抱物质世界，并以其压制让他们饱受煎熬的疑虑。我们生活在一个类似于西西弗斯[①]式的世界中，在这个世界里，我们费了很大的力气才将一块沉重的石头滚上山顶，结果却立即使它滚落到了起点。

[①] 西西弗斯，希腊神话中的人物，科林斯的建立者和国王。他一度绑架死神，让世间没有死亡。后因触犯众神，受到诸神惩罚，诸神要求他将一块巨石推上山顶。由于巨石太重，每每未上山顶又滚下山去。于是他就不断重复、永无止境地做这件事。他的生命就在这样一件无效又无望的劳作中慢慢消耗殆尽。——译者

通过获取物品、积聚财富，我们常常试图为历史和生活的困境提供解答。在今天的西方世界里，我们多数的渴求、思想和恐惧都为物品的短暂占有及日常生活的商品化所缓解或去除。但是，物质的拥有本质上是短暂的，只会导致更大的恐惧：失去我们拥有的东西，抑或不能拥有足够的财富（大多数的人从来就不曾拥有过足够多的金钱、足够多的画作、足够多的书籍、足够多的珍稀的美酒），以真正平息生存的恐惧。从来就不曾足够过。

　　还有其他途径吗？还有感官和肉体快乐的生活，长期醉生梦死的生活。波德莱尔（Baudelaire）认为，一个人必须经历沉醉的生活。不过，他是从美学的意义上讲这句话的。作为排解人类生存负担的一种方式，这一备选项尽管看起来有吸引力，但是，即便我们无视持久的沉醉带来的社会和伦理后果，我们的身体也消受不了长期闲散而沉醉的生活。同样，令人沉醉、让人形神枯槁的爱情——我在这里指的是性欲和肉体上的爱情，而不是其浪漫化和美学化的形式，那种形式更多地属于艺术的组成部分，而不是眼前世界的组成部分——与劳作（它是西方世界中大多数人主要的和最具消耗性的活动）让人们在世界残酷的现实中得到暂时的安慰。就劳作而言，这将不仅包括体力活，还包括智力或/和创造过程，尽管它们同样是一种试图以不同的方式同历史妥协的形式或劳作。最终，我们在创造并维持日常工作的过程中（无论是我们日常的活动、性爱，还是劳作）、在个人的生活中建立起可以识别的模式，并将它们纳入我们社群的集体命运之中。通过性爱、劳作、拥有物品、花钱、发展事业、获得学术资金（我写这本书的部分理由），我们加入了一个更大的群体社会中。我们赋予生命以意义，即便没有宗教，我们也对天地万物有所了解。

对美的追求

有一些人，他们拒绝宗教，也拒绝拥抱物质世界；他们将自己的生活建立在对知识、仪式和美的追求上，并将这种追求本身作为一种目标。众所周知，柏拉图曾认为，"未加审视的生活不值得一过"。这句话可能引自苏格拉底。实际上，"美"与"善"的追求——尽管这两个范畴都具有十足的柏拉图意味，但它们在我们的教育方略和伦理理念中被阐述得颇为简单——确实能够成为一种不同类型的世俗宗教。学者、艺术家和美术家或许会认为——在大多数的情况下他们确实会这样（见第四章）——他们的方法最出色，更有价值，不像追求宗教、享乐或沉醉那么虚幻。我甚至可以说，艺术作为一种逃避形式，或许较其他两种选择更为有用，而且远没有那么大的威胁性。毕竟，学者和艺术家不会因为不喜欢或不相信克利的艺术价值，或是因为赞同或不赞同笛卡尔的《方法论》(*Discourse on Method*) 而到处流窜杀人。有时，我们确实会在评析别人的作品时变得尖酸刻薄，但这绝不会导致大范围的流血冲突，也只有在极为罕见的情况下才会导致肢体冲突。最后，前面简要讨论的三种途径——宗教、物质与感官渴求、美学——依然是逃避世界之现实与历史之残酷的形式。

所有这些途径——当然还有其他的途径——旨在让我们接受自己对死亡、生命的脆弱、幸福和快乐转瞬即逝的特性的认识。在西方，希腊人比任何其他人都更深刻地理解人生的悲剧，他们以自己开放式的神话和引人入胜的故事向我们讲述着这种困境。伟大的故事讲述者希罗多德描述了梭伦（Solon）为雅典人颁布宪法后在爱琴海上的航行。在吕底亚王国逗留时，他受到号称世上最富有的国王克罗伊斯（King Croesus）的热情接待。当克罗伊斯问及谁是最幸福的人时——当然，同今日社会中的许多人一样，国王将幸福等同于财富和权力——梭伦讲述了两名运动员和一名战士的精彩故事。他们通过自己的奉献和光荣牺牲赢得了同胞的钦佩并在青史留名。国王确实被搞糊涂了。毕竟，这些伟人已不复存在。他们真正能有多幸福？到后来，在他等着被波斯征服者活活烧死之时，他开始充分理解现实的悲惨：只有在去世的那一刻，我们才能称我们的生活是幸福的。在某种程度上，我们一直生活在深渊的边缘，当我们认为自己作为个体和社群而生活在幸福和安宁之中时，可怕的事情可能即将发生。然而，尽管希腊人对此了然于胸，一如我们在内心深处也懂得的那样，他们像我们一样，毫不理睬索福克勒斯没有一点妥协意味的忠告：没有来到这个世上是最好的。正如前面提到的，人的天性就是对生命的执着，对希望的执着。我们创造意义，书写历史，以各种方式寻求逃避个人和集体生活的恐怖。我们既想逃避历史，也想书写历史。我就是这样。

时间与历史

然而，这些逃避历史的形式的想法和范畴仅仅是肤浅的表象，是其他主题在上面得以书写和重写的复写本（palimsest）。在创造或想象各种可容许我们在"现实"世界中生活并忍受历史累积之重负的方式的努力的背后，还有着更深层次的也更令人感到厌烦的一种认识。这本书稿的一位读者富有见地地将我的作用界定为"公证人"，即作为对历史的这些回应的记录者、有几分超然的叙述者。我力图提供一些解释，重新讲述一些事件，（因而）没能充分认识到自己已陷进的揭示与再现历史的程度，也没能注意自己的反思如何卷入历史的进程。书写各种使我们偏离历史的不同路径，置身历史之外无法实现。一如所有从事这项任务或从事历史书写的人们都会做的那样，我卷入自己力图描述的实际进程之中。过去和现在我都是一位参与者，远比我的非人称性叙述更让你相信。

在写这本书的过程中，我强烈地感觉到，自己未能恰如其分或清楚地传达想说的意思。写一件某人亲历的事情，以第一人称的方式写作，塑造和曲解某人试图表达的内容，是容易的。这是我在整本书中穿插各种自传性的小插曲的原因之一。我这样做，不是因为我认为自己的生活多么有趣，需要加以讲述；相反，我这样做，是为了提醒读者和我本人：我们所有的人都是历史进程的参与者。一位读者——我珍视的朋友，同样富有见地地指出：当我在反思历史之恐怖或写作时，如我在本雅明"历史的天使"后续章节中所做的那样，犯了一个严重的错误。历史，如他指出的那样，没有能动性（agency）；人却有这种作用。历史学者也有。降临于人类的各种恐怖，一直在被历史学家描述、渲染、分析或牵强附会地加以理解。这种对过去事件的持续回顾、根据我们自身特定的意识形态知识对其进行重塑，便是个人和群体在不断经历历史的发展。历史女神，以她最朴素的化身纪念历史，她总是不偏不倚的。但历史学者和其他学者从来不是这样。

还有一点需要考虑。与历史学者同历史不稳定的关系相比，人类同时间的关系要相关得多。很久以前，希波的奥古斯丁[①]（Augustine of Hippo）便就时间进行过一次最为透彻且富有见地

[①] 圣·奥勒留·奥古斯丁，354—430 年，罗马帝国末期北非柏柏尔人，早期西方基督教神学家、哲学家，曾任北非城市希波的主教，故史称"希波的奥古斯丁"。——译者

的探讨。在《忏悔录》(Confessions)的第十一章中，奥古斯丁试图理解永恒与时间、上帝与他的造物之间的关系。就目的而言，有两点极为重要：一是时间与历史的关系；二是他人与我自己同时间的联系。依照一位读者的建议，我由此认为，桑塔耶拿[①](Santillana)著名的论断——不懂得历史的人注定要重蹈覆辙——是极其错误的。在随后的几章中，我避开了以年代顺序进行的叙述，转而表达我的"现象学描述"，也就是我在历史和时间上的所思和有限的体验。这是一种阐释，虽然在被我提出之前，我对此尚没有充分的认识。不过，这也是我将自己置身于历史和时间之中的一种尝试。就这种意义而言，这里的历史并没有被理解为桑塔耶拿所谓的教学法(pedagogy)，而是被理解为对各种经历的反思。书写和体验历史，是将对过去、现在、将来的叙述囊括在内。因此，我想指出的是，我力图把握住的恰恰是一种变动的时间观念。它是这样一种时间观念：其中，现在总是在成为过去，总是在滋生不确定的未来；将来也很快便不再是将来，而成为现在和过去。

在我们的时间的意识中，或者更为确切地说，在我们对时间流逝的意识中，有着某种令人恐惧的东西。从哲学的意义上讲，时间不仅令人费解且难于理解，一如奥古斯丁对这一主题精彩的探讨所表明的那样；而且，正如人类所体验的那样，时间也确实令人生畏。当你如我现在一样年迈时——当你读到这句话时，我将更加年迈——你就会意识到，时间的流逝是多么地迅速。很久以前，我正年轻，时间似乎停滞。现在，时间看起来像一道巨大的瀑布，不停地流动着，直至最终消散。当然，

---

① 正确的书写应为"George Santayana"，乔治·桑塔耶拿，1863—1952年，西班牙裔美国哲学家、文学家、小说家和诗人。——译者

我并没有道出什么新颖的东西。在戈雅令人瞩目的绘画作品中，有一幅农神①（Saturn）食子的可怖画作。这是古希腊最具说服力的神话之一的绘画再现。神祇克罗诺斯（Chronos）因恐惧而吞食了自己的孩子，因为命运（之神）曾预测，他们中有一人会推翻他。克罗诺斯也吞噬掉了其他所有的人。当我再次讲述神秘主义者、救世主式的人物、寻求身体愉悦之人以及拥抱美的人们的故事时，我发现他们共同的心愿是：忘掉时间，阻止变化，终结时间；抑或通过祈祷，获得净化、肉体的狂喜或美学的救赎，永恒将带着我们超越历史，让我们不朽。

反思历史的恐怖

在这项事业中，我希望实现的目标是建构一种叙述，它具有反思或探讨人类情势的功能，能运用特定的历史事例去阐明：宗教、物质关注和美学渴求是怎样部分地驱动并塑造我们回应残酷之历史的整个状况的。这样做的过程中，我们应当留心身处权位的那些人策划的、用来转移视线的各种缓兵之计，以及本身便是抵制历史和既存秩序的各种不同的逃避形式，因为它们并不互相排斥。起初是塑造社会和信仰体系以利于某一阶级的一种尝试，却有可能带来不可预测的后果。例如，从中世纪晚期到当代，通常的描述都是：狂欢节是为了让上层社会受益，但它也有可能而且确实演变成了底层的反叛和抵抗。当一座城镇为狂欢节的狂热笼罩时，时间便暂时停止了，一如今天仍在发生的一样。狂欢节创造了一个不受时间影响的空间，它可以无视历史上的衰落，无视社会和经济差异的不公平。

---

① 农神，指希腊神话中的克罗诺斯。——译者

写这样一部书所面临的挑战既令人激动，也颇为艰巨。当然，这本书并不打算成为一部典型的探讨西方社会与文化史某些特定方面的历史书。相反，它是一种反思，反思的是人类对灾难的反应，是我们集体或个人对社会、结构性和生存性危机的应对方式。我力图捕捉的——回到前面的评论——是索福克勒斯在《科罗诺斯的俄狄浦斯》(Oedipus at Colonus) 中尖刻的陈述，即"没有来到这个世上，是最好的，这胜过所有的奖赏"和加缪在《局外人》(The Stranger) 中描述的"面对世界和历史的冷漠，大无畏地坦然接受生活"这二者之间始终存在的张力。在这两种艰难的抉择之间存在的张力所造成的罅隙中，人类一直构想着逃避"历史的恐怖"的不同方式。更坦率地讲，面对这两种抉择——一种是否定存在，另一种是主张尽管存在毫无意义也要接受——我们力图借助各种宗教体验、拥抱物质世界、追求美与智慧，或糅合所有这些方法来理解世界。而且，应当对群众运动与个人对历史压力的回应加以区别。在本书的叙述中，尽管个人被挑选作为例子，但那无疑仅仅是因为他们的行动导致了集体从历史中退出或抵制历史。

在序言和本章中，我试图对"长时段"(la longue durée) 中西方的男男女女塑造和回应历史的方式加以探讨，尤其是试图解释我在讨论和写"历史的恐怖"时的意之所指。反思这些问题，我力图理解历史学者——也包括我本人——是如何努力阐述历史并理解历史经历的。在第二章中，我将考察宗教，既有正统的宗教信仰，也有异端的宗教信仰，还包括千禧年躁动。这些宗教体验表现为不同的形式。它们的范围包括神秘主义、异端邪说、千禧年躁动、各种秘传的信仰形式以及对超自然的广泛接受。例如，从古代到当下，个人和集体对社会、经济和文化危机的一种典型回应便是神秘主义。神秘主义是一种拔高了的宗教形式，其中，神秘主义者声称自己同上帝融为一体。尽管神秘主义者数量相对少些，但他们在强化宗教信念、让同时代人相信他们与上帝合一的说法是正确的等方面发挥着独特的作用。没有神秘主义就几乎没有宗教，尤其是西方宗教的兴盛离不开神秘主义。神秘体验为众多的神秘主义者描述或称为真实的，更为重要的是，它们被许多人当作真实的而加以接受，这是仅对极少数人开放的一种宗教状态。然而，它鼓舞着众多的人。神秘主义一直是一种高度个体化的追求，不过，一旦他们实现了与神的融合，如看到的那样，西方大多数的神秘主义者将介入世俗事务中，并竭力改变他们生活于其中的社会。这样，他们向那些接受了这些体验的人们提供着慰藉。

神秘主义者有两类：正统的与异端的。二者在种种逃避历史的构想中都发挥了重要作用。异端分子和拥抱千禧年梦想的那些人与神秘主义者没有什么不同，他们都有自己的世界观和信仰。在中世纪和近代初期的欧洲，支持异端观念和鼓吹时间的终结是一项危险的事业。在西欧，甚至到今天，坚持非正统信仰也可能而且确实会产生严重的后果，可能导致死亡，或社会的排斥。然而，异端邪说和末日期盼很少是个人的行为。在大多数情况下，男男女女的异教徒和其信仰者组成的团体既有成员寥寥无几的，也有成员动辄上千的。一个共同的信念，即要么教会在支持错误的信仰，要么世界末日即将来临，让他们聚集在一起。这些运动真正的力量在于其成员之间建立起来的紧密联系，以及这些信念所产生的归属感与认同感。

与神秘主义者、异端分子和千禧派不同，其他一些人探究了一系列秘传的实践——魔法、炼金术、占星术及神智学（hermeticism）；至少在中世纪和近代初期，这些实践都跨越了宗教和科学这两个世界。尽管某些魔法形式对民众有着广泛的吸引力，但是这些活动仅向少数学者开放。因此，这些类型的知识需要独特的奉献、忠诚和守口如瓶。它们不渴求让他人皈依，也不指望大众理解。就某些魔法师和占星师的情况而言，无论是寻求庇护，还是探求深奥的知识以揭示存在之隐秘，践行这些艺术的那些人常常满怀激情且毅然决然地投入其中。在许多方面，魔法、占星术、炼金术和神智学都是宗教的各种形式，发挥着不同的作用。他们试图否认或接受历史的恐怖，承认群星的影响无可抗拒、致命（有时则是有益的），并试图通过护身符、符咒与神秘的传说来控制这种影响。

最后，巫术，或者更确切地说，中世纪晚期至17世纪晚期席卷欧洲的灭巫狂热（Witch Craze），是一种大众化的现象。所谓的巫术实践虽植根于各种乡村信念，却得到了学者的论述界定，它越过了社会与教育的边界。一如主流文化中的经典文献——最为著名的是《女巫之锤》（*Malleus Maleficarum*）——所刻画的那样，迫害、处死女巫——她们中的许多人是年迈的妇女——为近代初期欧洲大多数人的恐惧和焦虑找到了便利的宣泄口。在女性歧视的"滋养"下，在急剧的社会、经济、文化和政治变动等社会背景的搅动下，辨认、猎寻、烧死或绞死女巫将大多数人的注意力从世界的残酷现实中转移开来，并将时代的不幸直接归咎于女巫。于是，女巫便被列入一长串的替罪羊的名单里，这份名单里包括犹太人、麻风病患者、穆斯林、异端分子、同性恋及其他处于社会边缘的人们——在不同的时期，他们一直在人类历史的过程中扮演着受害者的角色。

在第三章中，我将探讨拥抱物质世界——从积累资本、财产到重视宇宙和人类生活中的具体方面——的悠久哲学传统。

这里有许多方面需要被探讨。物质世界过去和现在都强烈地吸引着数不清的个体。一如薄伽丘和其他一些人活灵活现地讲述的那样,在西欧,许多人对黑死病侵袭的回应仅仅是其中一种方式而已,即将拥抱狂欢、醉酒、放荡作为应对历史事件之不幸的一种选择,在人类的存在中发挥了作用。萨德侯爵[①](Marquis de Sade)的著述及他的真实生活,为探寻理解和逃避历史的各种方式提供了一扇窗。

为了彰显一个人的民族认同或爱国主义,节日、狂欢节和运动常常被人们以不正当的方式加以利用,它们是众多的人在绝望之际选择的逃避形式。酒神庆典,即便带有深刻的宗教元素,也是另一种通过感官的麻木来面对历史重负的方式。对狂欢节和狂欢节庆典加以研究,便是(研究)身体和庆典在人类历史中各自发挥作用的一个很好的例子。同样,多种式样的性行为一直是缓和历史之恐怖的重要方式。围绕滥交和不愁吃喝、不用劳动的神话而建立起来的乌托邦,如"安乐乡"(land of Cockaigne),在人类的经历中一直发挥着重要作用。

这些模式并不仅限于某些作家的狂想或饥不果腹的农民的想象。在古代(柏拉图试图按照《理想国》的构想在西西里建立一个社群)、近代初期的欧洲[康帕内拉(Campanella)的各种实验,耶稣会士在巴拉圭的各种乌托邦机构]及当代世界[奥尼昂塔(Oneonta)的各种实验,根据斯金纳(Skinner)理论而建立的社群,以及其他诸如此类的千禧年尝试]的各种乌托邦实验中,它们有着真实的原型。在19世纪,美国到处都是

---

① 萨德侯爵,18世纪法国贵族,淫秽和哲学书籍的作者,因其描写的色情幻想和他本人引发的社会丑闻而出名。以他的名字命名的萨德主义是性虐待的另一种表达。——译者

乌托邦社群，其中一些到今天都还存在。在西方的经历中，这些应对历史的做法极为常见。

在第四章中，我对文化——即应对历史危机的文化产物和美学关注——加以强调。在一定意义上，这本书也是如此。写作、艺术和音乐是一个人创造性地升华自己应对人生和社会角色的不确定的形式。不是所有的艺术家都试图逃避历史。一些人试图对其加以验证。不过，显然有大量的人试图借助创建美丽的场景、令人震撼的场景或冒犯人的场景来否定历史。作家，尤其是存在主义作家，力图废除或否认历史进程的目的性与确定性；作为对真正的危机——第一次世界大战、第二次世界大战、工业社会的兴起——的一种回应，他们奋笔疾书。波德莱尔的名言（前面引述过）完美地表达了物质性的逃避（长期的沉醉状态）与美学的结合。这涵盖了加缪和卡夫卡提出的或毫不妥协、或让人沮丧的选择，以及浪漫的慰藉〔从克雷蒂安·德·特罗亚（Chretièn de Troyes）想象的亚瑟王宫，到沃尔特·司各特爵士（Sir Walter Scott）或仲马（Dumas）的小说〕。科幻小说和玄幻小说便是这一方式很好的体现。借助于它，文学、电影和艺术力图提供一个受到更多控制的世界，以对抗现存世界严酷的现实。在 J. R. R. 托尔金（J. R. R. Tolkien）、C. S. 刘易（C. S. Lewis）、J. K. 罗琳（J. K. Rowling）等人的书中，善和恶之间明显的区别，尽管源于历史典故，却总能提供让人感到慰藉的结局。在《精灵宝钻》（Silmarillion）、《指环王》(The Lord of the Rings) 等作品中，或在想象的纳尼亚（Narnia）或霍格沃茨（Hogwarts）魔法学校中，有谁没有逃避日常生活的各种烦恼呢？

在这三个重要的主题——宗教体验、物质拥有、美学逃避——之外，我们可以补充一些辅助性的次主题（它们将被夹进叙述之中）：暴力，包括寻找替罪羊、灭巫狂热，以宗教法庭的审判（atutos-de-fe）和公开处死等形式体现出来的戏剧化的惩罚，爱欲（Eros）以及各种浪漫的想象。不过，我再次断然拒绝做任何普适性的断言。相反，我的主张之一是：尽管各个地方的人们或多或少都会面对同样的历史挑战，但应对人类情势所产生焦虑的方式总是基于特定的文化背景及个人经验，这些应对的外在表现形式也随时间的流逝而发生着变化。在写这本书的过程中，我意识到我乐意步入其中的那个陷阱。尽管个人和社会都试图逃避历史，但他们这样做的时候采取了多种形式，而且是从内部的背景出发的，这从本质上讲具有高度的历史性。从某些方面来讲，历史在不断地颠覆着它自身，（这种观点）并没有太离谱地偏离马克思历史观的某些方面。因此，历史必须被看作一个辩证进程的组成部分，类似于马克思的阶级斗争。与马克思不同，我认为冲突起因于我们希望消灭历史却无力实现这一渴求。与马克思不同，我从未期望阶级斗争会终结，也未曾期望乌托邦——无论是宗教方面的、物质方面的，还是美学方面的——会到来。与马克思不同，我也没有预见一个历史会终结的未来，即奥威尔（Orwell）在《一九八四》中提到的"黄金国度"（所描绘的情景）。未来恐怕会如现在一般黑暗。

但这并不意味着将没有前卫的运动，或没有进步。技术进步一直存在。事实上，技术的突飞猛进使我们所有人的时间为之加快。这同样并不意味着我们必须举手投降。恰恰相反，它仅仅是继续战斗的一个更强大的动力而已。

这些小插曲专注于体现人类对灾难所做的极端反应的那些例子，它们选取自所有历史时期，不过，重点在古代世界、中世纪和近代初期的欧洲。其中一些神秘的宗教或玄学——古典时期希腊的酒神庆典，官方替罪羊的保有——恰如其分地驳斥了通常所强调的理性，我们将它与希腊黄金时期联系在一起。就中世纪和近代初期而言，最为人们所熟知的一些千禧年躁动和异端宗教实践的形式，为我的探讨提供了"肥沃的土壤"。我尤其想到了宗教和社会骚动的肆意结合，这正是1381年英格兰农民起义和胡司战争的特征。16世纪初德意志伟大的农民起义及其余波也为我提供了丰富的资料。不过，我们当代的世界同样值得关注。二十多年前圣地亚哥"天堂之门"（Heaven's Gate）邪教组织成员集体自杀，是又一关于否认历史——至少是特定范式的历史——的生动而引人关注的例子。

依照这样的脉络，像康帕内拉的《太阳城》（The City of the Sun）——它可以被放在近代初期卡拉布里亚（Calabria）革命的社会背景中——这样的乌托邦文献，对狂欢节和类似事物、宗教法庭的审判等的描述，有助于将各种升华了的宗教形式、暴力文化及社会逆转（social inversion）汇聚在一起。某些神秘的文本，如《小花》（The Little Flowers），同样可能极为有用。按照这样的思路，阿西西的弗朗西斯①的生平为我们提供了一个绝妙的例子，即一个人试图直面他生活的社会和经济环境的种种变化。阿西西的弗朗西斯对财产、救赎、物质世界、大自然、人神关系等问题的回应，超越了个人的体验。从他1226年去世后不久至近代初期，福音书中贫穷的寓意及基督教的社会责任等问题被重新诠释，并在小兄弟会（Fraticelli）和其他方济各派信徒（Franciscan）中催生了全新而激进的观察世界的方式。

---

① 阿西西的弗朗西斯，1181—1226年，著名的天主教修士，因其在神学方面的贡献被后世尊称为"阿西西的圣弗朗西斯"，国内学者通常称其为"圣方济各"。——译者

我同样会引用其他一些不怎么为人所知的事例，尤其想到葡萄牙和西班牙帝国部分地区发生的以"赛巴斯蒂安主义"（Sebastianism）而闻名的运动。在16、17世纪的政治生活中，"国王赛巴斯蒂安将从北非战场——他在那里遭到杀害或失踪——归来，带领葡萄牙走向终极命运并得到救赎，从而使历史的终结"的观念产生巨大影响。这些千禧年观念的反响出现在19世纪晚期巴西（巴伊亚州）卡怒多斯（Canudos）的叛乱中，而这是一个值得重新加以讲述和阐释的精彩故事。我们可以继续举例并确定研究的路径，但已到详细讨论这些问题的时候了。

第二章　宗教与来世

在青少年时期，我就读于一所私立的天主教学校。同许多校友一样，我得到了神父思想的滋养，甚至还参加了一个禁欲的小团体。在我年轻时的那段时光里，阅读洛约拉（Loyola）的《灵性操练》（*Spiritual Exercises*）和圣弗朗西斯（St. Francis）的生平；每周四斋戒，即使身处热带，也拒绝饮用任何的酒水。我以为自己已在一定程度上领悟了世界的真谛，弄懂了自己的精神世界。不过，我信奉的宗教毕竟源自古巴。正因为如此，我的信仰总是为我情感家园的景象和声音所破坏，为我在革命年代中长大成人的经历所动摇。一种新的更为强烈的"宗教"情感——革命理念——吸引了我，也吸引了我众多的朋友和同代人，让我们短暂却强烈地相信：我们可以建立人间天国；实现平等，类似于方济各会式的社会主义是可能的；同我这个年龄的许多人一样，我可以成为改变这个世界的参与者。随着年龄的增长，我逐渐意识到：尽管我们中的一些人十分希望自己能够做到，但这是不可能的。相反，世界改变着我们。换言之，如果我们成功地带来某些变化，或给自己班上的某些学生留下印象，那这些变化也仅限于某些人，其范围是有限的。各种更大的能移风易俗的变化却是我们力所不逮的，至少对我而言，是这样的。

成长于这样一种深切感受到的宗教狂热中，我在二十几岁时便逐渐抛弃了自己原来的信仰。在过去的40年中，我始终是一名忠实的无神论者，尽管如我在前面一章中提及的那样，最近，在完全无意识的情况下，我见证了一位学生和他的同人宣誓加入耶稣会，这让我心潮澎湃。尽管如此，以下是我的告白，以便读者可以了解我的偏见和局限。作为一名历史学者或作为一个人，缺乏对神的信仰，当然也不信教，并不意味着我不理解宗教信念在塑造人类存在，为世界上数以百万计的人提供慰藉、逃避及意义方面的力量，也不意味着我不能（在课程的范围内）对此抱有同情。我缺乏信仰，并不意味着我会或应蔑视宗教塑造历史事件和话语的能力。从众多的历史事例中，我们懂得了那个（道理）。就这一特定事例而言，最为生动的是14世纪中期欧洲对黑死病侵袭的普遍回应。如我们所见，对瘟疫荼毒和其他类似灾难最持久的反应，便是将疾病与自然或人为的灾难看作神对不道德的人类的惩罚。在西方传统中，这种肯定的行为，即灾难是上帝对人类的软弱、缺乏信仰、顽固及其他众多我们应受谴责的特质的回应，在西方传统中源远流长。

　　《旧约》（Old Testament）在西方精神和文化史中发挥着重要作用。其中，我们一再遇到神为他/她/它的选民的罪恶而发怒的情形。种种灾难，无论是天火和陨石、索多玛①（Sodom）和蛾摩拉（Gomorrah）这两座城市的彻底毁灭、瘟疫、屠杀所有的首生子，还是在沙漠中没日没夜地流浪，都是神操纵历

---

① 索多玛，首次出现在《旧约·圣经》的记载中，位于死海的东南方。据《旧约·圣经》记载，索多玛是一个耽溺男色而淫乱、不忌讳同性性行为的性开放城市。——译者

史的一部分，因此在本质上属于历史的范畴。当然，在基督教盛行的西方，宗教行进、频繁的弥撒、鞭打自己的身体（有时是他人的身体，一如鞭笞派在 1266 年的所作所为。那时，人们认为世界即将终结；或如其在 1348 年的瘟疫中的所作所为，那时世界似乎确实要终结了），以及赎罪和忏悔的其他怪异形式，曾是（现在仍然是）供奉给神的忏悔和赎罪行为的重要组成部分。当然，这并不是西方独有的经历，因为在其他文化中，神（或至少是那些代表上帝或众神说话之人）遇到了更多同样的情形。

在整个西方，甚至直到今天，宗教年（religious year）的常规仪式要求之外的宗教庆典和活动，旨在将世界凝聚在一起。显然，人类作为一个整体是不值得上帝佑护的。祈祷，当然也发生在天主教徒之中，是为了阻止世界的湮没而同神格（godhead）进行的一场不断的谈判（negotiation）。有时，这还不够，上帝容许或向人类施加像大屠杀这样的恐怖行为以及一些人向他人犯下的令人发指的罪行。当然，我们中的许多人认为这些事件出现在特定的社会和文化背景中，与先验没有什么关系。对我们中的许多人来说，这些可怖的行径却是部分人残忍对待另一部分人的又一个例证，甚至如陀思妥耶夫斯基伟大的小说中伊万·卡拉马佐夫（Ivan Karamazov）同弟弟争论时所说的那样，是上帝缺席或沉默的例证。不过，其他的人将它们看作上帝对邪恶而罪孽深重的人类的公正惩罚。因此，在昔日的美国，一些原教旨主义牧师将艾滋病的传播看作上帝对社会道德沦丧的报复。事实上，我们必须承认，我们的国家中有许多这样的人，对他们而言，世界的终结不应延迟，也不应感到畏惧。相反，它必须被看作一个神圣计划的一部分而受到欢迎。它将带领少数拣选之人超越历史和时间，并宣布我们中余下的人会死得很惨并永远受诅咒。

这些升华了的情怀,即因上帝的意愿或一位智力超凡者(外星人)的设计而摆脱世界的重负,可能呈现出奇怪的和非历史的方面,一如邪教"天堂之门"团伙的情形。一群受过良好的教育且看似正常的中产阶级居住在圣地亚哥城郊。就气候和物质文化的丰富而言,这是你在这个地球上可以找到的最接近于天堂的地方。他们极度节欲,包括在某些特定情形下的自宫。最终,他们集体自杀了,期望被运送到一颗彗星背后、无法看见也无法探测到的一艘飞船上。在这艘所谓的飞船上,这个团体将被提升到一个更高的意识水平上。如果这发生在中世纪(在那一时期,一些人确实思考着这样的事情,尽管那时显然没有飞船),我们会为中世纪人们的无知和迷信而叹惋。然而,奇怪的事情在加利福尼亚上演。

依照同样的思想路线,16世纪德意志明斯特的许多市民也将自己看作一群不虔诚之人中的虔诚者。在等着被围困之敌屠杀的时候,他们将自己的城市看作一个极端的乌托邦乐园,他们的事业是虔诚之举。圭亚那琼斯敦(Jonestown)贫穷的受难者,以及在德克萨斯州韦科(Waco, Texas)追随魅力领袖大卫·科雷斯(David Koresh)的各个家庭,他们所坚持的行为模式在激进的和原教旨主义的宗教团体中相当普遍。如果这些极端的行为形式——一种在西方世界中十分普通、在非西方人的历史中也同样存在的行为模式,仅是偶尔出现的煽情新闻中的一小部分,那我们可以视其为不寻常。但是,在这个远比其他西方社会受到更多宗教狂热影响的国家,接受经书字面含义并狂热地希望"大欢喜"(rapture)的人在整个人口中占有重大比例,并发挥着政治影响,这使得像乔治·布什这样的人连续两次获选,并让所谓的"茶党"(Tea Party)在上次选举中获得成功。这将给我们带来长期而严重的损害。

抛开这些闲谈,问题依然是:我们怎样理解宗教?在这本书中,我不想讨论——用弗洛伊德的话来说——宗教的效力或宗教虚幻的本质。争论神存在或不存在完全是浪费时间。信念,常常是深切而诚挚的感受,是个人看待世界与他在该世界中的地位的一种方式。尽管科学或许可以揭示宗教的不理性,但它不能证明上帝不存在。宗教也无法驳斥科学思想。在西方,体验世界与解释世界的这两种不同的方式,以及解释男人们和女人们在其中的地位的方式,早在13世纪晚期就已截然不同。尽管在基督教重塑西方世界之前,希腊人和罗马人沿着那条道路走得更远。19世纪的科学革命带来了新的思维范式,马克思、达尔文、弗洛伊德及其他人在"信仰"与"知识"之间筑起边界。不过,这些边界远比它们的缔造者设想的容易渗透。

这不是一部论述信仰或反对信仰的著作,也不是对宗教的声讨。相反,我恳请读者同意让我至少在这一反思中将它们彼此分割开来,也就是将信仰同宗教的历史现实分割开来。我还希望将整个人类历史中发现的各式各样的宗教体验作为历史现象加以考虑。我们不要忘记:对虔诚的个人或团体而言,人类历史及其多样的体验源自于神;从这一视角看,历史成了一个首要的宗教话语或叙述的组成部分。不过,如果我们接受宗教——有别于信仰或神存在不存在的问题——产生于特定的背景下,那么我们会认为宗教是逃避历史之恐怖的一种形式吗?答案很简单,我希望随后的例子会解决这一明显的矛盾。

宗教、权力与政治

如果历史像我们早些时候定义的那样，是我们努力解释各种灾难和竭力理解这些灾难的一种形式，那么从许多方面讲，逃避历史也是抵制历史和既定权力结构的一种形式。同样，将过去历史化的行为，在这一特定情况下，将宗教历史化的行为，不过是另一种逃避形式。它是把历史和宗教束缚在时间框架内的一种方式。不提及宗教与权力的关系，或宗教与权力最为明显的表现——宗教与战争之间的关系，我们同样无法继续这一讨论。显然，宗教的信念和仪式是历史正常展现的一部分。例如，很久以来，我们便知道宗教是怎样支撑政治权力的，反之亦然。从第一部人类历史的书面记录到近代民主在今天所展现出的宗教符号——例如，政客们和宣誓效力于陪审团的那些人以《圣经》所立之誓言，国会内的祈祷（invocation），学校的宣誓（school pledges）中对上帝的提及，如此种种，长期以来，宗教与政治几乎紧密地融入了连贯的权力结构之中。

在罗马，皇帝的权威不容忽视，这部分源于皇帝作为"最高祭司"（pontifex maximus）——整个土地上正式的国家宗教的最高官员——的地位。在公元前2000年的中国，"天命"（mandate of heaven）是将政治权力合法化的一种方式。在中世纪的西欧，多数国王凭借"上帝的恩典"进行统治；他们的权力借助于精心策划的涂油典礼或加冕典礼，或通过更为极端的主张，即皇帝拥有奇幻的力量（例如，法国和英格兰的国王就声称，触摸他们的手可以治愈淋巴结核）而获得授予。在近代以前的西方世界，没有上帝，就没有政治权力。没有各种宗教组织——作为圣界与世界之间的媒介——的支撑，就不存在权力的运用。当然，这些联系在我们当代世界也存在。想一想内战后西班牙的佛朗哥同教会的联系，布什及众多最近获选的其他政客——他们中的大多数人是幡然醒悟（born-again）的基督徒——同原教旨主义的基督教右翼间的种种关系。不过，甚至在文字记录出现之前很久，考古学证据、图画描述及民间传说都向我们讲述着宗教象征、魔法同日常生活的交织。

在西方世界，像战争这样的历史活动总是同宗教密切联系在一起。重述诺曼·豪斯利（Norman Housley）的论点，我们可以简单地将其概括为：宗教是战争的主要催化剂之一。"不同宗教间的冲突或特定宗教内部的冲突导致了残杀行为"，我们只需想一想16世纪和17世纪上半叶遍及了欧洲大部分地区的可怕的宗教战争，什叶派与逊尼派、穆斯林与印度教徒、穆斯林与犹太人间持续的冲突，或者是爱尔兰新教徒与天主教徒之间尚未平息的冲突（爱尔兰新出现却很快消失的繁荣使得调解方案几乎已触手可及），便可以论证这一观点。无论是过去还是现在，众多的宗教冲突的确同民族、种族、文化等问题以及大量其他的历史因素联系在一起。但奇怪的是，多数人偏爱的自我认同方式是宗教。更糟糕的是，受欢迎的识别敌人的方法同样集中在宗教。不过，非常奇怪的是，最暴力的行为针对的不是信仰与我们截然不同的人们，而是那些信仰与我们相近或仅有细微差别的人们。拉塞尔·雅各比（Russell Jacobi）即将出版的大作对兄弟阋墙进行了论述。它表明：针对自己了解的敌人的战争，总是比针对不熟悉的敌人的战争要残酷。

在近代初期曙光初现之际，加勒比和墨西哥的西班牙人总是将自己描绘成基督徒。与此同时，他们意欲征服的那些土著人不是被当作不信教的异教徒，就是被当作穆斯林。他们宏大的庙宇被相应地描绘为"清真寺"。在麻烦不断的今日世界,政客们轻率地谈论着"文明间的冲突"。这是宗教差异以及"这些差异在基督教世界不能轻易被接受"这一谬论不怎么加以掩饰的表达。想一想当前围绕欧洲基督教认同而展开的辩论,或美国有关圣诞节的持续辩论。这两场辩论都宣称一个国家是同特定的宗教传统联系在一起的,从而含蓄地创造出了一个将其他宗教置于底层的层级制度。这种对信念或"他者属性"(otherness)的扼要表达,通常会产生各种政治后果。例如,想一想这个国家的政治右翼将奥巴马描绘成穆斯林的图谋。他们是在表达:无论一个人资历如何,只要他是穆斯林就不能成为总统?或者想一想法国政府的种种图谋,因为即便是开明的法国人也能干出这样的勾当——将罗姆人(Roma,即吉普赛人)从巴黎赶走。

的确,不管怎样,不提及宗教,我们便无法思考我们所谓的历史、文化、集体生活或个人的生活。即便是像我这样的人,虽然极其反感我所理解的宗教对历史进程产生的恶劣影响,却不得不频繁地同宗教打交道,或如早些时候提及的那样,为宗教的魅力所感动。一如很久以前克利福德·吉尔茨在一篇极为著名的文章(借用马克斯·韦伯)中主张的那样:我们生活在无法躲避的"重要性之网"中,并受它们的羁绊。[①] 这些文化网络迫使我们遵奉特定的宗教形式。尽管我们可以理解其他的宗教和文化,但是,我们对世界及自身的种种憧憬都植根于我们所生活的宗教世界,植根于我们年幼之时或成年之际被传授或学到的那些事物之中。在典型的布努埃尔式——刘易斯·布努

---

① Clifford Geertz, *The Interpretations of Culture: Selected Essays*, Basic Books, 1973, 第一章。

埃尔（Luis Buñuel）极其反对教权，却情不自禁地导演了诸多宗教题材的电影——的模式里，我同其他许多像我一样的人一样，尽管宣称完全不信宗教，却在宗教编织的"重要性之网"中思考、行动，并为其所困。

当然，在继续探讨其他主题之前，我们应先叙述显而易见的内容：宗教的缺乏或不信仰上帝，并不意味着所谓的道德、精神或伦理的缺失。讨论这些问题最让人烦恼的事情之一便是这样一种极为短视的观点，即宗教对于成为一名"有道德的"人或对行为符合伦理规范的人来说，是不可或缺的。这一观点常常让我不断地与学生发生争论。确实，大多数宗教提供了一套现成的行为准则。但这并不表明我赞成这些行为准则或它们的奖惩制度。同样，为了鼓励遵从，它们还提供了天堂和地狱。当然，在"经书"基础上产生的各种宗教都是这样。就这一点而言，柏拉图已经进行过清晰的阐述，我几乎无法加以补充。在《理想国》中，他雄辩地主张这样一种生活：男人们和女人们都会依照伦理行事并向善，原因不在于来生的报赏或惩罚，而在于施恶于他人首先是对自己的伤害。我承认，"善"与"恶"、"有道德的"与"无道德的"是一组备受争议的概念。此外，柏拉图在《理想国》结尾引入了"厄尔之谜"（myth of Er），并将它作为正确行为的神秘动因，即灵魂的轮回、天堂的报赏以及诸多毕达哥拉斯式的神秘之事。这让我们大为失望。

逃避历史的恐怖

现在，你或许会问：所有这一切同历史的恐怖以及利用宗教否定历史重负的方式之间有什么关系呢？简单地说，我不想否定宗教的历史现实,也不想否定宗教在人类历史中发挥的重要作用。我想再次强调:这里讨论的是宗教而不是上帝或众神。我也想再进一步加以阐述:在人类生存的漫长道路上,各种危机要么带来了巨大的压力,要么带来了几乎让人无法忍受的破坏。无数的个人或群体,或无力应对各种不利于他们的看似可怕的力量,或为强烈的疏离感和绝望感所折磨,他们力图逃避这样的形势,或否定它们的历史性。例如,想一想大屠杀(Holocaust)。许多人曾认为(尽管已很少再有学者持这样的看法),大屠杀是一个独特的事件,与针对人类的其他极端行为无法相比,因此,它置身于历史之外。我不赞同"有些事件是置身于历史之外"这样一种观点。相反,我觉得像大屠杀这样的事件应当被历史化,以作为子孙后代的教训。不过,重要的是,有人会否认这一事件——它毕竟是一些男人和女人对其他男人和女人实施的残酷行为——的历史性,会认为这一浩劫(Shoah)是一种无法理解的神的行为,是人类智力无法充分把握的。大浩劫的历史是如此令人震惊,以至于总是有人试图将它排除在人类的行动之外,或认为这种行径并不是人类肌体所固有的。情况恐怕恰恰相反![1]

有几个问题需要加以回答。怎样的机制或事件使得人们逃避历史?个人或社会的某些宗教体验是如何使我们否定历史现实的?或者,我们怎样才能建构起一个在某种意义上具有替代性的存在空间?它乍看起来似乎要胜过我们所过的生活;最为重要的是,它可以让个人或群体从人类历史的可怕事件和模式

---

[1] 见普林斯顿大学出版社出版的系列丛书"人权与反人类的种种罪行"。该丛书迄今已出版四卷,考察了一些人对其他一些人施加的最令人恐惧的暴行。

中逃离出来。大的灾难可以局部地或全面地触发这些反应。不过,并不是所有的瘟疫、自然灾难或人为的危机都会导致这样的回应。结果和回应在很大程度上取决于历史场景,取决于魅力型领袖的存在与否,取决于特定人口对危机性质理解或误解的程度。

当然,灾难并不是背弃历史的唯一原因。渐进的、突发性的,尤其是剧烈的社会、经济变动会对大部分人产生潜移默化的或直接的影响。剧烈的社会、经济和宗教变化标志着中世纪晚期向近代初期过渡,这些变动引发了千禧年躁动,诸如1525年的德意志农民起义,地方性或区域性的灾难性运动之类,这些运动向各自的追随者宣告了历史和时间的终结。另一种回应形式是猎巫狂热,它在15世纪晚期至17世纪中期席卷了西欧,导致数以千计的人,主要是老年妇女被处死。尽管猎巫狂热是一个有着明确界定的轨迹、原因及结局的历史现象,但是,上层阶级的人们从思想层面描述巫术信念,将它作为迫害的理由,这为近代初期西方的其他一些众所周知的精彩叙述,如对科学、地理发现、君主集权及国家的出现的叙述提供了替代性样板。确实,从理论上讲,所有这些因素(近代性的先驱)本应让西方社会拥有更加理性和开明的世界观(如他们在18世纪时的情况),但事与愿违的是,它们激起了迫害、女性仇视及寻找替罪羊等种种怒火。下面,我们将重新讨论这些主题,不过重要的是指出,新的知识技术同宗教的结合如何导致了说不尽的恐怖和孤注一掷的逃避历史的尝试。

举例之前,我不希望给读者留下一种印象,一种或许是由我在前文中的评论造成的印象,即历史以某种线形的形式从不理性到理性,然后又回到不理性。我不知道启蒙运动是否是西方历史的顶点,也不知道进步——如果说进步是我们所谓的物质进步与技术变迁——是否应当是我们衡量人类成就的标准。以尼采的话来说，它事关价值标准。我们衡量进步的标准不应是估算物质财富或技术的增长，而应看我们的价值观念是什么，看我们是否始终乐于重新评价这些价值观念。显然，就我们是否愿意尊重他人的生活、自由及文化的角度讲，我们极为失败。

希腊人或许是最早毫不畏惧地正视黑暗本质的人，他们，至少是他们中的一些人懂得宇宙的毫无意义和虚无缥缈。尽管不理性具有非凡的诱惑力，但他们从其中抽身而出，建立起一套论述理性和克制的复杂体系。"了解自己""万事皆有节制"，成为主宰他们生活的理想原则。这些箴言虽有价值，它们揭示的却是与其自身相对立的东西：人类生活常常关乎无节制；我们很少了解自己。写到这里，请允许我稍加补充，让事情看起来更全面：启蒙运动的种种理想，启蒙哲学家对进步的信念，仅仅是对大多数欧洲人生活中潜在的不理性和混乱的掩盖或粉饰而已。

讲了这么多，我们应转向各种实际的回应和努力（尽管它们常常失败），直面历史的无节制、时间的飞逝以及我们个人或集体生活中始终存在的明显的不理性。各种回应并不一定总是出自群体。通常，人们借助宗教和其他实践来直面个人生活中的特定困境（Scylla and Charybdis）。我们力图让重大历史事件及不那么明显却始终具有威胁性的历史变迁的中断理性化，或至少在某种程度上能被理解。某些神秘的或冥想的状态代表着对历史现实的明显背弃，使人们接受其他的存在形式和时间意识。大多数伟大的神秘主义者和宗教人物以极为夸张的形式提出，他们与（诸）神有着直接而亲密的关系。这是一种无视历史或现实的思考世界的方式，如许多人理解的那样。例如，阿西西的圣弗朗西斯（St. Francis of Assisi）的一生。如果说他不是中世纪晚期最具影响力的神秘主义者的话，那他也是其中之一。他的一生激励着许多人。他的学说导致了千禧年躁动，催生了激进的社会和神学的宗教实践形式。我们可以将弗朗西斯的某些信徒所持的某些观念描绘为异端。他的影响如此深远，以至于在几乎 800 年之后，在我年少的时候，我以弗朗西斯为榜样，我和大多数学生［《圣弗朗西斯之花》(*Little Flowers of St. Francis*) 被指定为他们选修我讲述神秘主义的课程的必读文献之一］总是为在他们看来似乎是他真正地放弃了物质财富并拥抱贫穷的举动所感动。

阿西西的弗朗西斯（Francis of Assisi）

弗朗西斯（Francis）出生在一个社会、经济结构迅速变动的世界。贸易与货币经济正迅速地改变着社会关系，激起了整个西欧，特别是意大利的城市化浪潮。资产阶级积聚了财富；与此同时，他们热切地渴望着救赎。这种内在的矛盾给大多数有进取心的中产阶级制造了一个难题。在新的经济现实的推动下，新的宗教形式以及对待贫穷和财富的新态度席卷了西方。弗朗西斯最终的训示便出自这样的社会背景。不过，他在传教开始后不久宣讲的布道并没有新意。在弗朗西斯之前，彼得·沃尔多[①]（Peter Waldo，或瓦尔德斯，Valdes）和他的信徒已经对新的经济形势和教会财富提出了强烈的批评。沃尔多派信徒被列为异端，面临着日益增多的抵制和迫害。他们的情形如恺撒耳派教

[①] 彼得·沃尔多，1140—1205 年，中世纪基督教精神运动沃尔多教派的创始人。——译者

徒（Cathars）。在 12 世纪晚期，恺撒耳派教徒的异端思想在法国南部广泛传播。

弗朗西斯是商人的儿子，大约 1182 年出生在亚西西（翁布里亚，Umbria）。他的成长和同辈的年轻人没有多大的差别。与同时代和同等地位的许多人一样，他深受宫廷浪漫文学、勇武行为之梦想以及其他诸如此类的幻想的影响。在青春期之初，我曾读过一本经过美化的弗朗西斯评传。几乎在 50 年后，我（再次）坦率地承认弗朗西斯似乎激进的训示对我本人生活的塑造和政治观点的形成究竟达到了什么样的程度。在圣人、诗人和其他敏感的人——想一想洛约拉的伊格内修斯（Ignatius of Loyola）或者迷惘一代中的年轻人——的生活中，战争（讨伐附近的佩鲁贾，Perugia）和在战争中受伤的经历极大地改变了弗朗西斯，使他成为一名躬身自省的年轻人。此次觉醒确实是一次根本性的转变。自此，他抛弃了物质方面的东西，自愿拥抱贫穷，并投入布道的生活中。他的生平既是满腹学问之人研究的对象，也是圣徒传记描述的主题，已为人们熟知。他为动物的布道、对自然的特殊的敏感、在布道中对使徒贫困的关注、对基督人性的强调，预示着基督教的各种新的可能性。1226 年，在临近去世之前，他在拉文山（Mount La Verne）接受圣痕（the stigmata），这标志着西方历史和宗教上的一个重要时刻已经到来。如果根据基督教神学，耶稣既置身于历史之中也置身于历史之外，那么，弗朗西斯通过肉身重新体验耶稣的挚爱，同样既置身于历史与时间之中，也置身于历史与时间之外。不用在意弗朗西斯自己所属的教派（order）——方济各会（Franciscans）——拒绝了他训示的核心内容，转而重视修道院机构（因此是资产）、教育，以及与弗朗西斯坚定地拒绝向财富世界和拥有财富低头的训示针锋相对的教义。

尽管弗朗西斯未能说服某些最亲密的信徒，其他的人却聆听到了他斩钉截铁的训示。不要介意他从未挑战教会的权威，也未偏离正教；不要在意他对自愿贫穷的强调区别了拥有财富却因爱基督而放弃财富的人们，以及不幸出生并生活于贫困之中的人们，他甚至剥夺了后者在基督教社会的地位。显然，这并不是他的初衷。不过，弗朗西斯的生平和布道对同时代的人们意味着什么？他的生平同我们的故事又有什么相关？

此处的问题不在于他英雄般的事迹、频繁的神秘狂喜以及他对圣痕的最终接受是否真实。稍具颠覆性的《圣弗朗西斯之花》写于弗朗西斯离世多年之后，对此进行了极尽的描绘。对大多数与弗朗西斯同时代的人，甚至是那些生活在数个世纪之后的人们而言，围绕他讲述且反复被讲述的故事有着无可置疑的真实性。在13世纪初的欧洲，在一个社会、经济、文化转型及教会信条的变动（在1215年第四次拉特兰宗教会议上体现得最为明显）使人们日益焦虑的世界，弗朗西斯的事迹不仅提供了慰藉，还为真正的使徒生活提供了重要的训示。历史学者们，如R. I. 莫尔和其他一些人一直专注于13世纪最初的几十年，认为这标志着"迫害性社会"的开端。[1]尽管关于该时期是否真正标志着（西方社会）开始更严厉地对待异端人士、犹太人、穆斯林及其他人有相当多的历史讨论，不过，非常清楚的是，大规模的变化正在酝酿之中。与此同时，这些变化深刻地影响了整个中世纪西方基督徒的精神生活。

除了对我在前几段中陈述的内容进行润色之外，我们还应

---

[1] R. I. Moore, *The Formation of a Persecuting Society: Authority and Deviance in Western Europe, 950-1250*, 2nd ed., Blackwell Publishing, 2007; Carlo Ginzburg, *Ecstasies: Deciphering the Witches' Sabbath*, trans. Raymond Rosenthal, Pantheon Books, 1991.

注意，弗朗西斯的行为产生了两种不同类型的选择。首先，在个人的层面，弗朗西斯的皈依或醒悟、禁欲修行与宣教生活让他从所处的环境及日常的琐事中解放出来。也就是说，他将从社会、历史的束缚中脱身出来。详尽地描述弗朗西斯奇遇的最为精彩的段落是这样的：它不仅体现出些许选择的随意，还体现出少许要么全然不按人们认可的规则行事，要么则完全按照新的准则行事的（风格）。到了岔路口而不知走哪条路时，弗朗西斯让他的一名信徒猛烈地转动身体。当他转动结束时，无论面向哪条道路，他们都会沿着这条未知的道路走下去。写到这里时，我有一点嫉妒。因为我相信（还有）其他的许多人当下都过着这样的生活：我们无可救药地绷紧着神经，不抱一丝侥幸。这甚至更具有讽刺意味：因为我们知道，计划轻易便为命运、机遇、运气、疾病所推翻；无论我们如何描述这些，它们都打破了我们为有序、可规划的生活制定的最佳计划。

弗朗西斯的故事让我想起了20世纪60年代的某些生活态度：缺少计划，不关心不久的将来或遥远的将来，尽情地享受当下，拒斥物质世界，在有限的意义上，拒斥历史与时间。弗朗西斯对同时代的人产生了巨大的影响，一如群居团体（commune）和所谓的嬉皮士对20世纪60年代的文化所产生的影响。面对迅速的变化和不确定的时代，一如（20世纪）60年代的年轻人（我是其中之一）那样，弗朗西斯借助各种神秘的憧憬，拥抱贫困并过着使徒般的生活，逃避着历史的种种重负和恐怖。也一如20世纪60年代所发生的那样，我们社会中的许多人，出身的环境通常与弗朗西斯没有什么不同，他们加入群居团体之中，随着令人陶醉的新式音乐的节奏扭动着；他们拒斥物质上的收益，加入和平运动（具有深刻的历史性）。在所有事情最终落空之后，他们喜爱上了由毒品诱导的扭曲心灵的逃避形式，有点像是用化学药品取代宗教神秘主义。

面对日常生活的焦虑、平凡生活的无聊、历史的荒谬与残酷（弗朗西斯生平意大利发生的无尽的战争与社群冲突，20世纪60年代的越南战争，新近获取的对种族歧视之重负的认识），无数的个人和小群体背弃了他们所在社会的期盼，选择了不同的道路。有时，这让他们同父母及同伴发生分歧，并将他们置于正常历史进程之外。有些人，如弗朗西斯，即便我们非常小心地拒绝或忽略他的示范效应或他留下的训示，他还是为我们奉为圣徒。其他一些人，如那些（20世纪）60年代的青年男女，我们则根据自身的政治取向，或对其加以吹捧，或对其加以贬斥。不过，我们在借用他们的音乐、时尚、诗歌的同时，有意识地走上了向职业、家庭以及周遭一切妥协的道路。

这些例子仍然十分具有说服力。对碰到过弗朗西斯或听闻过他的事迹的人们来说，那必定令人感动。同样，在20世纪60年代，众多的人通过间接感受他人的事迹而生活着。据说，如果所有声称曾出席伍德斯托克（Woodstock）那场盛大音乐会的人的确都到了那里的话，那出席的人数将会有数百万之多。伍德斯托克独特地结合了音乐、和平与非暴力（或至少是被理想化为非暴力的）等，即便是对那些不是足够地幸运，不能到现场的人们（我也不曾到过那里）来说，它也代表着替代战争和商贸世界的另一种选择，一种将我们的生活去历史化的微弱可能性。经过伍德斯托克40周年庆典后，再次对此加以审视，我感到惊讶的是，那些充满音乐和泥泞的辉煌日子甚至仍然能在我们这个冷漠的时代引起共鸣。

个人和社群并不需要一场像1348—1350年那样夺去众多

人的生命的瘟疫，或是像"9·11"这样的事件，以解除我们同历史的联系。我们总是——尽管在某种程度上讲我们是无意识的——试图逃避历史，逃避时间飞逝的重负，逃避时间和历史的无情与恐怖及持续变迁的地理景观。一如中世纪诸多其他的神秘主义者（无论他们属于正统教派，还是属于异端教派）所做的那样，弗朗西斯确实试图进行逃避，他先是进入一个丰富多彩的内在精神生活，随后便是阐述自己对更广阔世界的憧憬。（20世纪）60年代的许多年轻人也做了同样的事情。一如中世纪所有的神秘主义者，尽管他们并非全部来自某个特定的或正式的宗教，但至少在短暂的时间里，他们拥有了良善世界中的那种灵性和伟大的公民责任感。

其次，弗朗西斯的生平及其树立的榜样还产生了其他的影响，推动着后来的许多信徒去反对历史。他被普遍地看作基督的第二次降临，因此，在13世纪60年代，他的生平和训示成为席卷西欧各地区的千禧年期望浪潮的号角和灵感来源。在14世纪初期，这种期望逐渐减弱。1226年，人们焦急地期盼着世界的终结——意指时间与历史的终结，而弗朗西斯则被看作第二次临世与末日战争的先驱。这些末世观念一直是西方历史不可或缺的一部分；根据诺曼·科恩的研究，它们源自古代美索不达米亚（Mesopotamia）和琐罗亚斯德教派（Zoroastrian）的信念，在西方文化中占有非常重要的地位。[1]它们在变动、不确定及灾难的时代中发展壮大，这是我们为历史进程持续苦恼的一个生动的例

---

[1] 参见诺曼·科恩所著的两本重要书籍：Norman Cohn, *Cosmos, Chaos, and the World to Come: The Ancient Roots of Apocalyptic Faith*, 2nd ed., Yale University Press, 2001; Norman Cohn, *The Pursuit of the Millennium: Revolutionary Millenarians and Mystical Anarchists of the Middle Ages*, rev. ed., Oxford University Press, 1970.

子。这些千禧年躁动不时打断着我们的历史。13世纪60年代,一群群鞭笞者启程上路。他们向自己施加的惩罚成为净化他们自己臆想中的放肆和众生的邪恶的一种形式。这是将人类与世界交还给上帝的一次强有力的尝试。教会当然是一个植根于历史的机构,它并不乐于看到这些活动,因而将鞭笞者斥为异端分子和不守教规之人。1348年,在黑死病爆发之际,当鞭笞者再次在整个西欧出现时,教会也再次采取了同样的行动。

弗朗西斯的影响并不限于人们对世界和历史的终结的普遍期盼,也不限于鞭笞者特有的宗教虔诚。在他去世后的数十年中,弗朗西斯激进的信徒一直维持一种持续破坏和抵抗状态,期盼着时间的终结。这种情况一直持续至13世纪晚期,也就是弗朗西斯去世后差不多一个世纪。这些方济各派教徒或小兄弟会教徒,如他们为人所知的那样,激进地支持贫穷和福音派基督教,而在教会的眼中,福音派基督教同异端、预言以及教会内部对剧变长久的期盼密切联系在一起。在翁贝托·艾柯的《玫瑰之名》(Umberto Eco, *The Name of the Rose*)中,我们看到了这些栩栩如生的人物。不过,它们已有了更为真实的对应之人。1294年,塞莱斯廷五世(Celestine V)登上教皇宝座,随后不久又退隐而去;加之一个新世纪即将来临,这引发了这样一种观念,即传播福音的教皇将会面临末日和历史的终结。这些观念在西方广泛地传播,成为复杂的传统观念的一部分,同时,革命思想也在意大利的一些地区传播,主要是在卡拉布里亚(Calabria),直至近代初期。在像托玛索·康帕内拉这样一些人物的生平、事迹和著述中,我们发现了这些观念的回响。广为人知的是康帕内拉曾为伽利略进行过辩护,但不怎么为人所知的是,他因谋划和论述一个最终会给世界带来和平的普世君主国(先是西班牙,后来是法国)而在西班牙人的监管下长期服刑。他同样写作出版了一部引人入胜的乌托邦著作《太阳城》。在这部著作中,基督教和财产都不起作用。①

借助宗教逃避历史与时间

历史记载容许(我们)书写相应的基督教历史,正如三十多年前杰弗里·伯顿·罗素(Jeffrey Burton Russell)所做的那样,它将为正统的信念(一如掌控局势的人们所阐述的)与各种预言性质的、异端的或是千禧年运动之间的张力提供一种线形描述。②沿着这一轨迹,博闻广识的读者会知道它的巅峰或低谷(之所在),这取决于一个人所持的观点。1381 年,英格兰爆发了伟大的农民起义。尽管农民起义有着坚实的社会、经济根源,它还有着强大的宗教基础和平均主义的思想基础,然而随后而来的是在 15 世纪晚期搅动了中欧大部分地区的胡司派教徒的反叛,以及一个世纪之后的 1525 年德意志农民起义。托马斯·闵采尔(Thomas Müntzer)激进的唯圣经论(Biblicism)同非历史性的千禧年狂热相结合,导致了一系列乌托邦式的试验。其中,16 世纪的闵采尔是唯一广为人知的。③然而,如果因为我按照年代顺序举例的缘故,便认为逃避历史仅仅是在基督徒中才存在的现象,这种现象仅限于历史上不相关连的一些

---

① 关于康帕内拉,见 Tommaso Campanella, *La Citta del sole: dialogo poetico/ The City of the Sun: A Poetical Dialogue*, trans. and introduction by Daniel J. Donno, University of California Press, 1981。

② Jeffrey Burton Russell, *A History of Medieval Christianity: Prophecy & Order*, H. Davidson, 首次出版于 1968 年,重印于 1986 年。

③ 见 Cohn, *The Pursuit of the Millennium*。

时期，那就大错特错了。

在现实中，这些现象当然不限于基督教，不限于西方，也不限于特定的编年时期。从广义上讲，古代世界中某些形式的宗教仪式可以划入人们所谓的"悖逆历史与时间或逃避历史与时间的尝试"的范畴。古典世界的悲观主义取向——它明显地体现在（人们）普遍相信占星术——同酒神崇拜中所谓过分喧闹的狂欢庆典形成鲜明对照。在公元二世纪，诸多的节欲倾向已逐渐出现，这在柏拉图及古典时代许多其他的哲学家身上已有迹可循。大约在同一时期，基督教也开始影响罗马大众。尤其重要的是，在普诺提努斯①（Plotinus）的著作中，新柏拉图主义将哲学转变为宗教。同一整套的神秘宗教一起，赫尔默神智学（Hermeticism）、依洛西斯（Eleusis）的得墨忒尔（Demeter）崇拜、伊西斯（Isis）崇拜、光明神（Mithras）崇拜以及其他此种救赎性质的宗教形式（基督教属于其中之一），竞相获得大众或新近发家的精英小群体的拥护，而这取决于这些宗派各自的性质。

玛格丽特·尤瑟纳尔（Marguerite Yourcenar）写的哈德良（Hadrian）皇帝的传记给人留下了深刻的印象，并且感人至深。传记对福楼拜（Flaubert）的作品加以引用，大意是：在哈德良统治时（117—138 年），诸神皆死，基督教也没有完全走到前台。人类形只影单。哈德良是一位开明的专制君主，没有诸神或宗教，他或许能够挺立不倒；然而，他的大多数臣民无法办到。随着帝国在军事独裁（无论这些独裁多么开明）的阴影中走向衰落，帝国居民经受的社会和经济衰退日益严峻，这便是为什么大多数的民众会通过拥抱允诺来世会有

---

① 普诺提努斯，或译"普洛丁"，204—270 年，古罗马时期的希腊唯心主义哲学家、新柏拉图主义创始人。——译者

美好的生活和救恩（无论其含义是什么）的救赎性宗教，来逃避前景普遍暗淡的世界。毕竟占星术告诉你：你的命运已经记载在星宿之中。伊西斯崇拜、得墨忒尔崇拜、光明神崇拜以及基督崇拜告诉你的是：业报在死后等待着你。吉本（Gibbon）著名的论断"公元二世纪是人类迄今所知最为和平的年代"，从没有战争（尽管罗马的边境并没有那么和平）的角度讲，或许是真的；但是，那是以近乎绝望为代价而换来的和平。它带来了一场可怕的革命，我们今天都还在承受它的影响。禁欲主义，灵魂（精神）与身体之间断然的分离，将身体想象为樊笼——只有通过不断的斋戒、性节制以及在西方新出现的宗教形式中很容易辨认的其他极端措施，灵魂才能从中获得救赎——是席卷一切文化转型（即我描绘的可怕的革命）的后果。这些倾向——它们否定肉身，并拥抱上帝或诸神超凡意识的信仰体系——推动了修道院制度以及教会教父著作，尤其是伟大的希波的圣奥古斯丁（St. Augustine of Hippo）的著作的问世。反之，这些新颖的制度和宗教论述也一直影响着西方的思维。

除了逃避历史，还有什么是晚古时期的人们深切感受到的呢？一如某些宗教人物讲述的那样：我们不值得尝试活在世上，活在由衰落中的罗马建构的人类之城中。一个人真正的家园在天堂，死亡本身只不过是从日常生活的种种诱惑和压迫中解放出来。蛮族入侵、内战、经济日益恶化、农民日益被束缚在土地之上，以及其他一些人们津津乐道的事情，只证实了人们否定世界、否定历史、否定垂死的罗马帝国中发生的各种剧变。尽管从历史的角度讲，基督教最终从一系列救赎性宗教的相互竞争中脱颖而出，的确也在世俗事务中获得了首要的地位，因而保存了罗马的种种结构并试图营造出连续性与秩序的表象，但是，我们不应因此而忽视这一事实：各种新的宗教信仰——基督教属于其中之一——笼罩着种种神秘，教派重视信仰，传递着种种救赎性讯息，在摧毁市民文化方面发挥了标志性的作用，而市民文化曾为整个地中海世界的生活提供了开化的环境。人们可能会问：基督教和其他一些神秘宗教是怎样帮助破坏了曾在希腊和罗马繁盛长达七个多世纪的文明的呢？尽管其他的社会、经济因素发挥了作用，但是，各种新的宗教，其中最为重要的是基督教，对来生而不是此世今生的强调，对信念的至高无上而不是理性的至高无上的强调，对古典戏剧、古典艺术及娱乐的强烈谴责，以及权力来自上帝或诸神而不是来自各种人类机制的观念，为古典世界敲响了丧钟。

尽管我着重探讨的是地中海世界和基督教的起源，但是，每一个时代、每一个地方都曾见证了类似的个体或群体的信念和行动。尽管它们本身便是历史现象，却代表着对历史的拒绝，代表着踏出历史进程的种种尝试，以及逃避"日常的期盼和历史发展中的黑暗等令人压抑的现实"的尝试。正是这些逃离历史之尝试的轻率与不可预测、它们未曾设限的性质、虚无缥缈的希望，使得它们如此相关并值得关注。对社会、经济变化抑或是异常事件的这些回应，范围涵盖由宗教激发的与神融为一体（借助神秘的狂喜、冥思或节欲之举）的种种欲求，消灭社会差别，创造或再创造一个此世今生的乐园，或在末世运动或社会激变之时完全抛弃世界的愿望，都在不经意中体现了我们对所发现的世界和世界的本来面目的不满。

尽管我反思的重心主要是犹太-基督教的西方，但显然源于"经书"（the Book）[①]的各种宗教，其中包括伊斯兰教，并没有

---

① 指《圣经》。——译者

垄断这些回应。印度的苦行僧（sadhus）或出家人（sanyasis），那些为了达到更高的精神境界跳出生命的轮回而放弃性生活和世界的人们——世界上最伟大的一些宗教便诞生于恒河两岸——同样拥有这种彻底改变历史或拒绝历史的普遍欲求。在古代世界，将历史本身视为一种知识形式的文明——希罗多德、修昔底德及伟大的罗马历史学家便是创造一门学科的最好例子——本身便包含了这样的紧张关系，像我们在前面见到的那样。

不过，我们可以从不同的角度审视这一问题。有人可能会说，逃避历史和时间的把控是历史盛衰本身的组成部分。紧张关系是复杂而辩证的进程的一部分，而这个进程推动着历史和我们走向未来。或者，我们可以很容易地将所有这些运动归因为一系列的社会、经济因素。宗教，即便理解成各种历史力量聚合结果，也总是一个棘手的范畴。信仰的混乱状态和其令人难以捉摸的特性使得宗教所诱发的逃避历史同本书所述极为相关。毕竟，对真正的信徒来说，解释是不必要的。我们发现几乎难于理解的是：在20世纪晚期，圣地亚哥郊区受过良好教育的青年男女竟然相信，他们在自杀之后会被运送到一个更高的存在层面上，肉体会飞升至一艘飞船中。这一故事在本章前几段已经讲述过。不过，这些年轻的男女认为这一断言完全是理性的和可信的。我们可能为之而战栗的是：19名年轻人，其中许多人受过高等教育且家境也相当殷实，蓄意使飞机、乘客及他们自己撞进建筑物，并在这个过程中害死数以千计的人。这样的行为，往往是借深受宗教影响的政治理念的名义，或是借个人深切感受的殉道和赎罪的名义而得以实施。

棘手的事情在于：2001年9月11日仅仅是因为所选的目标以及技术的非凡运用才变得不同寻常。类似的行为在整个历史进程中一直存在,并且在全世界仍然存在。历史,一如西方所撰述、体验或编写的那样,同其他地方对过去、现在及将来的想象背道而驰。不过,在西方的传统中,历史一直而且持续遭到拒斥。西方并不是不知道自杀式的殉道行为,也不是不知道会造成许多人死亡的其它暴力行为。我这里再次加以重复,想说的是:历史事件的展开蕴含着抵制;同时,个人和集体抵制、拒绝令人窒息的历史束缚,最普通的形式就是借助某种宗教体验形式,要么是神秘的狂喜,要么是转化为千禧年梦想或乌托邦式狂想。

宗教运动的频仍——甚至在我们后现代的世界中——提醒着我们它们的重要性。在许多方面,宗教信徒团体游离于社会、政治规范之外。通常,这样的信念会导致对国家约束和权威的拒斥。当17世纪英格兰激进的清教徒或乔治·W.布什时期的司法部长约翰·阿什克罗夫特(John Ashcroft)声称他们没有国王而只有耶稣时,他们所表达的情感直接触及这里所讨论的问题的实质。那就是,面对统治者的不公正和压迫,就像17世纪的英格兰一样,投身宗教运动的人们借助上帝之名加以反对;或如1525年德意志农民所做的那样,加入虔信者的行列,拿起武器去讨伐(并杀死)不敬神的人们。

逃避历史通常是指逃避一些暴力事件,它们可能导致生灵涂炭。遭到践踏、受到压迫的人们总会在宗教中为自己的困境找到慰藉,即便其他的逃避形式始终存在,尽管有人会认为宗教毕竟是将压迫长久化和合法化的一种方式。宗教是逃避历史的强有力的工具,为转变历史进程提供了可能性。当然,我这里并没有讲出什么新颖的东西。一如前面引用豪斯利时指出的那样,西方世界和其他地区的大多数暴力事件都有宗教根源。但是,我对因各种对立的正统观念间的对峙而出现的暴力,如在宗教改革之后困扰欧洲的宗教战争,远没有那么感兴趣;我更感兴趣的是悲惨的社会境况造成的暴力事件,它们常常会导致末日式的暴动。这些恰恰就是集体性的运动,它们希望抹去历史,迎来基督的第二次降临(就基督教而言),或是迎来救世主(就犹太教而言)及随之而来的时间的终结。

时间的终结

这一现象在犹太教中有一个很好的例子,那就是17世纪初以沙巴泰·泽维(Sabatai Zevi, 1621—1676年)这个高深莫测的人物为中心,席卷了犹太社会的千禧年躁动。这场运动以假救世主式的人物为中心——时至今日,这种论调仍在某些仪式派教徒(Lubavitecher)中流传,他们相信自己心爱的拉比很快会复活——展示了宗教狂热和期盼救世主降临可能引发异常历史事件的方式。尽管它们具有高度的历史性,但目标始终是历史的终结本身。在欧洲各地,许多犹太人卖掉自己的物品、房舍,涌入北欧和地中海的港口,寻觅着前往巴勒斯坦的通道。他们意欲见证救世主的降临、以色列的复国以及犹太教最终战胜不敬神的异教徒,并成为这个进程的一部分。这种宗教狂热并不限于赛法迪犹太人(Sephardic)的流散(diaspora),在阿什克纳兹犹太教(Ashkenazim)中寻找到支持。格娜克尔·哈默尔恩(Glückel of Hamelm)在回忆录中告诉我们,她的公公卖掉了自己的财产,准备从汉堡前往巴勒斯坦,以跻身于亲临救世主最后启示的那些人之中。即便沙巴泰·泽维在"高门"(Sublime Porte,奥斯曼帝国政府)代理人的压力下皈依伊斯兰教,千禧年期盼仍被保留了下来。

我们可以耗费一生的时间来探讨这些现象发生和继续发生

的社会、经济背景。就沙巴泰·泽维的例子而言，犹太人的生活受到越来越多的束缚，他们对离开西班牙的流亡的记忆，再加上其他一些因素，致使沙巴泰主义兴起。不同的历史情境导致了不同的回应，尽管逃离历史（就犹太人的情况而言，逃离他人的历史）的目标始终没变。马丁·布伯（Martin Buber）是20世纪著名的哲学家和德裔犹太神秘主义者。他收集了一些关于巴尔·谢姆·托夫（Baal Shem Tov，1698—1760年，最有影响力的哈西德派拉比）及早期哈西德派（Hassidic）大师的故事。就质朴和带来的宗教愉悦而言，它们极其类似于人们对早期方济各会信徒及其行为以及他们对既定的规章和社会层级制度的拒绝等所做的描述。

恐惧

恐惧也是这些逃避形式的主要特征。米尔卡·伊利亚德在一篇负有盛名的文章中对原始社会的男男女女在猛兽和不确定性的包围中度过漫漫长夜的那种恐惧进行了描述。[1]纵观整个历史，我们曾非常努力地去减轻或消除一些最基本的恐惧。显然，我们中的大多数人现在并不担心猎食动物（至少是四条腿的那些动物）会在午夜时分闯入我们的房舍或公寓之中。在西方世界的大多数地方，我们今天也不担心（我们）有可能死于饥荒或女巫的祸害。相反，其他一些忧虑出现了，它们破坏了我们的安全感，并打破了我们的宁静。针对我们对战争，对失去自己的社会、经济地位，或对长久的孤独、无人照管的生活的担忧，我

---

[1] Mircea Eliade, *Cosmos and History: The Myth of the Eternal Return*, Trans., Willard R. Trask, Harper, 1959. 见第一章"历史的恐怖"。

们筑起了诸多屏障，以保护我们并使新的恐怖远离。不过，我们并不经常获得成功。

这里我的观点是对弗洛伊德在《文明及其缺憾》(Civilization and Its Discontents) 开篇中观点的重复，大意是：尽管技术和进步以这样或那样的方式提高了我们生活的质量，但它们同样通过制造新的焦虑和恐惧削弱了这种生活的质量。在西方和世界其他地区，我们可以发现无数这样的例子，即集体恐惧是如何出现的，它们又是如何为当权者利用并常常被罩上宗教或半宗教的面纱，以便为众人提供一种逃避或宣泄的形式。让·德吕莫 (Jean Delaumeau) 的杰作《西方的恐惧》(La Peur en Occident) 很久前便指出了中世纪向近代初期过渡所产生的特殊环境，以及社会、经济和政治转型带来的普遍恐惧。他认为，将这些社会恐惧汇入已知且易于理解的渠道并不困难。自15世纪晚期至17世纪70年代前后，席卷西欧大多数地区的"灭巫狂热"或"猎巫运动"是最好的事例之一，说明了有理性、有权势又受过良好教育的人们是如何构建出复杂的信仰体系的。在西方，那些被控践行巫术并因此陷入不幸境地的人们多数是妇女，她们年迈，社会、经济地位都不如其控诉者。这让我们得以些许理解发挥作用的社会力量，理解替罪羊及同类事物的由来。不过，就猎巫的悲剧故事及其让人遗憾的结果而言，它们有着更深层次的含义。

在一个社会、经济急剧转型的时代，一个不时被中央集权君主国的形成、宗教分裂、宗派战争以及新的科学知识和新发现所打断的时代，恐惧变化催生了一种宗教回应。撒旦的出现是巫术信仰的核心，人们普遍认为，巫术是一种另类宗教，这导致了大众公然支持烧死或吊死女巫。如果人们可以合法地除去这些令人害怕的女巫，那所有的事情就都将解决了。这听起来有点不理性，而且确实也是如此。但是，与我们现代人对恐怖主义、大规模破坏性武器（即便其不存在）的恐惧以及其他疏导焦虑的现代方式相比，对女巫的恐惧又有多么的不理性呢？对大多数人来讲，担心这种事情要比担心诸如公民权利遭到侵犯、环境日益恶化、经济萎靡、社会各阶层之间差距不断加大等真实而令人沮丧的事情要好得多。把责任归咎于女巫，就像现代的某些政客或原教旨主义者那样，将责任归咎于本·拉登或/和同性恋。

灭巫狂热

灭巫狂热属于那种需要仔细加以审视的历史现象之一。它在很大程度上关乎权力及西方向现代性的过渡。它也是西方女性仇视（misogyny）在历史上达到的顶点。荒谬的是，它竟然发生在西方历史最令人激动的文化时期之一。这无情地提醒着我们：我们始终走在一条危险的道路上，理性与非理性之间的差别其实相当细微。在西欧，最为博学的一些人，其中包括牛顿，竟然承认巫术的现实性与女巫招供的效力，尽管这些供述是通过酷刑、连续不断的暗示性拷问而获得的，并且极为荒唐。被控（实践）巫术的那些人常常供认（巫术的）祸端，承认自己祭拜魔鬼，为庆祝女巫的安息日而在夜间的仪式上集会。在这些集会上，或如这些招供或指控所讲，她们用各种亵渎神灵的方式娱乐：弥撒、性爱狂欢、下流舞蹈、童祭，甚至是吃人肉。从丢勒[①]（Albrecht Dürer）到戈雅[②]的艺术作品，都对这一

[①] 丢勒，1471—1528年，德国画家、版画家和木版画设计家。——译者
[②] 戈雅，1746—1828年，西班牙浪漫主义画家。——译者

黑暗而糟糕的女巫世界进行过描绘。我们不应为这些供述的惊人相似感到吃惊，因为，遭到反复拷问的主要是一些没有受过教育且惊恐万分的脆弱的老年妇女，拷问便为预期中的相应回答和供述提供了明确的指引。

欧洲的灭巫狂热同文艺复兴、科学革命、宗教改革、中央集权君主国的兴起以及其他一些"近代性"的标志出现在一个时代，这提醒着我们，风云变幻之际，我们会面临危险。当这些剧烈的变动和恐怖的部族争斗如火如荼之时，一些人，如阿维拉的圣特蕾莎（St. Teresa of Avila）[①]、圣十字若望（John of the Cross）、帕斯卡（Pascal）及其他一些人，则经历着神秘的自省历程，那是一种将世界、历史和时间通通屏蔽在外的妙不可言的精神朝圣。其他人加入扰动16、17世纪西欧的无数千禧式大众叛乱中：从塞巴斯蒂安主义（人们期望1578年在北非马哈赞河战场上失踪的西班牙国王塞巴斯蒂安回来领导他的王国及全体基督教徒走进历史的终结）到沙巴泰·泽维允诺以色列的救世主般的解放。还有一些人则欣然接受了诸如魔法、炼金术、占星术和赫尔墨斯主义等深奥而神秘的知识形式。所有这些逃避形式都不如信仰女巫那般流行。

西欧大多数的人（除了一些知名人物和地区以外，西班牙就是其中之一）接受了女巫的存在。因为，在自"经书"而来的各种宗教中，信神就其本身而言等同于信魔鬼。因摩尼教对西方思想持久的影响得以加深，这种近乎二元主义的教条为生活中的种种残酷及降临在欧洲大多数地区的历史事件直接提供

---

① 阿维拉的圣特蕾莎，1515—1582年，出生于西班牙的阿维拉，因此也被称为"阿维拉的特蕾莎"，因其在宗教方面的贡献被后世尊称为"圣特蕾莎"，国内学者通常将其称为"圣女大德兰"。——译者

了借口。将其归咎于女巫！从 15 世纪晚期到 17 世纪下半叶，信奉女巫完全合乎理性。在那之后，信奉女巫实际上已不再理性，而且是无知的表现。在那关键的一个半世纪，撒旦操纵着历史，人们可以大量杀戮那些被指控和被判犯有巫术罪的人，这为时代的焦虑提供了一个现成的解决办法。与瘟疫导致的宗教行进和虔诚仪式不同，甚至也不同于鞭笞者（毕竟他们仅仅是伤及自己），灭巫狂热影响了成千上万人的生活，留下了"迫害"的遗产。这些遗产在西方留存了下来，一直延续到我们自己的时代。

当然，我并不是认为，巫术本身，或西方所谓的巫术，是一种明确的逃避历史的形式。在世界其他地区的宗教语境中，同样可以找到被西方称作巫术的东西。显然，如它在别的地方的实践，或如卡洛·金兹伯格（Carlo Ginzburg）在对"善行者"（*Benandanti*, good walkers）的权威研究中所揭示的那样，作为农业崇拜不合时宜的幸存者，这些尊奉活动在善与恶、上帝与恶魔等基督教僵硬的二分法之外，曾经有着丰富多彩的内容。我成长于古巴并几度访问巴西，始终对古巴的萨泰里阿教（Santería）和巴西的康多拜教（Candomblé）的仪式感到吃惊并深受感动。二者与海地的伏都教（voodoo）并无不同，皆是流传甚广的信仰体系，皆将非洲的宗教形式和对奥里克萨（或非洲诸神，Orixas）的信仰与基督教对圣人的信仰混合在一起。这有点奇怪，因为，一如我在前面所说，我始终认为自己要么是一位不可知论者，要么是一位无神论者。西方正教的确定性在这里直接受到各种神秘主义的挑战。这些神秘主义与女巫信仰或女巫迫害并无不同，代表着一种不怎么加以掩饰的逃避历史的尝试。不过，回到我成长的古巴这个话题上，即使是我也必须承认，令人萎靡的音乐和酒精发挥着重要作

69 用。圣巴巴拉前夜特别的萨泰里阿教庆典、半个世纪之前的1957年12月4日午夜后我突然拥有的憧憬、圣巴巴拉宴饮日，或对萨泰里阿教而言的"长戈"（Chango）——非洲神灵奥里克萨的庆祝日——给我留下了深深的印象。在许多方面，即便当我将信仰抛诸身后，那些憧憬仍塑造着我的人生（见第三章）。

许多年后，当我在巴西参观巴伊亚（Bahia）州行政首府萨尔瓦多（Salvador）时，我有幸出席了在该城郊区举行的一次康多拜教的仪式。在漫长的仪式中，以西非语言约鲁巴语（Yoruba）进行的吟唱与应和，还有音乐和舞蹈，持续了数个小时，直至一个特定的时刻，即当非洲的神祇奥里克萨——据参加者说——降临并控制了其中的一些舞者。他们换了演出服装，把自己打扮成特定的神灵和女神，并在人群中吟诵、跳舞。在个人和情感层面，这是一次让人激动不已的经历。作为一名历史学者，我认为这好像酒神节狂欢（宗教体验的一种形式）的场面，一个既置身于时间之中又跳出时间的时刻，人们沉浸于音乐和畅饮的狂喜之中，跳出了理性和时间的桎梏，也跳出了历史并逃离了它的恐怖。表演者俘虏了他们身后的众多参与者，将他们带到另外一种境界。这同样是长期为基督教传教士列入巫术行列的一种现象。

在欧洲、古巴、巴西及世界其他地方，某些民间信仰和做法得到有学问的传教士和布道托钵僧的认可。它们在各种旁征博引的论文中得到描述，但同时也是各种法典、教皇谕令的指向所在及迫害的对象。它们逐渐被当成巫术。中世纪末期的欧洲显然属于这种情况，一如我们所见，其后果通常是老年妇女受到迫害而命运多舛。如历史学家和人类学家所揭示的那样，现实实际上极为不同。再次重申，我这里的论点并不是说，巫术是一种得到明确界定的逃避历史的形式，尽管某些形式的恶魔崇拜可能属于这种情况。我的论点是：灭巫狂热酝酿自社会上层，得到了政府和新教教会、天主教教会的资助，戏剧性地渲染了公共焚烧，并且还获得了大众压倒性的支持。它本身要么是上层人士最为歹毒的阴谋（试图将注意力集中到脆弱而无助的受害者身上）之一，要么则可能是对历史的逃避。

以理性的名义推翻理性，创造关于恶魔、女巫及祸害的神话，用性和暴力的主题对其进行卑劣的丑化，高高在上的那些人找到了这样一个空间，在这个空间里，他们可以拥抱神话的世界，抑或黑暗的世界，又或是一个虚幻的世界，从而跳出正常的历史之外。灭巫狂热引人关注的或许是，高高在上的那些人何以能够在这样两个矛盾的文化层面运转自如。著名的科学家、哲学家、政治家和教会的重要人士有条不紊地开展着自己的研究或履行着自己的职责。与此同时，他们旁征博引地撰写着论述巫术的文章，主持各种审判；他们沆瀣一气，拷打或处死那些被指控或宣判践行巫术的人们。当然，此种断裂并没有什么不同寻常之处。我们的时代同样存在看起来理性并受过良好教育的人做出种种匪夷所思的暴行，犯下各种不理性而荒唐的罪行。这些罪行与恐怖行为就是历史进程（或展开这些历史进程的人们）施加于人类的可怖事情的最佳例子。它们通常是以上帝的名义，或借助种族和/或意识形态纯洁性之名，有时是使用诸如控制石油的获取这样一些愚蠢的理由而实现。例如，"酷刑指导手册"以行政决定司法语言，传达了令人无法接受的东西，并试图使不可原谅的事合理化。

恐怕我正走进一个极其困难和危险的领域：不是提供大量逃避历史的例子，而是提供大量从根本上迫使人们背弃世界或历史的例子。我不应将整个历史中困扰人类的社会、经济和政治弊端与否定历史的实际进程混为一谈，毕竟，这些弊病并不总是导致人们采用宗教方式逃离世界。因此，我们应该回到灭巫狂热问题上，将它作为近代初期的人们如何接受一套信仰的一个例子。在20世纪的多数人看来，它们近乎虚幻。不过，灭巫狂热是应对近代初期的种种不确定性、解释和消除时代挑战的一种尝试。

差不多在三年前，当我读完早报（读报或看新闻清醒地提醒我们，我们取得的进步是多么得少）准备写作时，有一条新闻引起了我的注意。该条新闻同到目前为止所讨论的问题密切相关。田纳西州似乎有一个原教旨主义的基督教教会，在2010年末我写这本书时它依然活跃。该教会宣讲着这样的内容：在伊拉克战死的士兵是上帝愤怒的牺牲品。因为，在这个教会看来，美国是一个窝藏同性恋的国度。按照这一逻辑，简易的爆炸装置就是上帝之剑，向一个罪恶的国度施以神圣的制裁。遵循这样的信念，这一特定教会的一些成员参加了（且仍在参加）在伊拉克的军事行动中遇难的士兵的葬礼。在那里，他们高喊着亵渎阵亡士兵、他们的家人及这个国家的话。该故事成为新闻，仅仅是因为一群摩托车党一直在"拖拽"这一原教旨主义团体，并充当着示威者与悲痛欲绝的家庭之间的屏障（美国有线电视新闻网网站发布，2007年2月21日）。尽管听起来可能有点怪异，但这些行动与近代初期欧洲千禧年运动的极端立场及它们对"上帝确实正在而且将继续干预历史"的断言类似。此外便是令人不寒而栗的同性恋关系，这是在最近的政治竞选中共和党人阴险而熟练地加以利用的一个话题，这让人想起了《圣经》中描述的索多玛和蛾摩拉，想起了宗教少数派早期疯狂的观点：艾滋病是上帝对不道德的、"非自然"发生的行为的惩罚。

在这里，一如我前面所举的一些例子中的情况，宗教，或者准确地说，某些形式的宗教诠释，为少数一些人（或多数人）提供了一种方便的选择。这些人不仅认为世界和历史的发展是不可接受的，而且还设想出一种截然不同的生活形式——一种以上帝或诸神的创世事件或神直接介入历史进程的各种事件作为坚实基础的生活形式，并为之努力奋斗。

卡努多斯叛乱

当然，我可以继续无休止地列举例子。不过，在结束本章之前，仔细考察某次千禧年式的爆发对我们理解历史的恐怖或许是有帮助的。因为多种原因，这是一场既令人好奇又引人注目的爆发事件。19 世纪晚期，在一位被尊为"导师"的神秘人物安东尼奥·康塞莱罗（Antonio Conselheiro）具有感召力的布道以及他的示范作用的影响下，在巴西荒漠之州巴伊亚东北贫瘠的角落里，受压迫的农民爆发了起义，并进行了漫长而最终具有毁灭性的抗争。这向我们提出了大量的问题并给出了令人不安的解答。这有助于阐明：扎根于历史环境中的各种运动是怎样成为尝试逃避历史的方式的。首先，巴西东北部的农民社群的起义同塞巴斯蒂安主义有着直接联系，尽管大多数的参与者对此一无所知。一如前面指出的那样，这是一场影响广泛的千禧年运动，主要与 16 世纪在北非战场丧生的国王塞巴斯蒂安有关。在塞巴斯蒂安去世之后，塞巴斯蒂安主义赋予了他充满文学色彩、预言的一生，并从大众的末日躁动、社会冲突及 1580 年后反对君临葡萄牙的西班牙国王的运动中"汲取养料"。在 1640 年西班牙人的统治终结之后，塞巴斯蒂安主义并没有衰落。在接下来的三个世纪中，它的有关赎罪及历史终结的思想在伊比利亚半岛、地中海和巴西产生了持续的影响。

我们必须对跨越时间和空间而将各种千禧年运动连接起来的种种联系加以强调。并非仅有这种末日渴求才具有共同的特征：还包括来源于《圣经》的时间和历史的终结、上帝对历史的直接干预等（观念）；运动带来的集体社会、财产的废除以及平等等（观念）。其中一些观念存在于所有的末日爆动中。不过，同样还存在着一种文本互涉（intertextuality）。运动激励着后世人的千禧年梦想，一如19世纪后期塞巴斯蒂安主义对居住在巴西一个被遗忘的偏远角落里的老人的激励一样。

我们对19世纪晚期发生在卡努多斯（这个群体的称呼源自这次暴动中心的那个集镇的名称）的反叛知之甚详，因为欧克利德斯·达·库纳（Euclides da Cunha）曾对这个群体及他们的悲惨结局进行过感人且准确的描述。达·库纳出生于1866年，在年轻时便目睹了1888年巴西奴隶制的最终废除。一年后，当巴西皇帝被推翻，他见证了一个极为世俗的共和政府的建立。受到奥古斯特·孔特（August Compte）实证主义的启发，后者（世俗的共和政府）非常不同情教会，还迅速地在这个国家推行世俗化。不过，现在或许是时候简述一下这个有趣的故事了。这个千禧年式的"现代"悲剧发生在巴西依然贫穷的东北地区，即巴伊亚州贫困而干旱的内地。正如人们所知，"荒漠"（sertao）地区有着太多的土匪、贫困农民和暴虐的地主。植根于严峻的社会、经济状况的宗教躁动与末世梦想，在安东尼奥·康塞莱罗身上得到了强烈的体现，他是一位魅力超凡的传教士，也是一位非常平凡的教堂建造者。作为一位不屑理会教会训诫的虔诚之人，他迅速地抓住时机点燃一场大火。这场大火最终吞噬了该地区大量的农民与共和政府士兵的生命。1896年，当乔亚齐罗（Joazeiro）小镇的官员未能交付安东尼奥购买来修建教堂的木材时，反叛在整个地区爆发。

在1896年前的二十多年里，安东尼奥往返穿行于巴伊亚的偏远地区，帮助穷人，修建教堂，在穷困潦倒的人群中赢得了大量的追随者。他们将他视为圣洁之人。人们盲目的忠诚于他，这使他从而有效地控制了这个地区。他夺取了教会与共和政府代表的权力，用武器装备自己的信徒，准备着抵御外来军队，捍卫自己的社群。营垒分明，冲突在所难免。在1896年11月末，共和政府派出远征军讨伐反叛者，结果，政府的军队遭到安东尼奥的部队的迎头痛击。在撤退到卡努多斯这个坐落在"荒漠"的小镇后，安东尼奥和他的追随者建立起他们所理解的"矗立于时间终结之际并讨伐不信奉上帝之人"的圣人社会。卡努多斯叛乱是社会压力、宗教亢奋和政府无能等综合作用的结果，是历史事件与历史转型触发这种回应的完美例子。若非这类运动和反应常见于人类历史之中，安东尼奥的忠实信徒在卡努多斯的事迹就难以理解并显得怪异。"荒漠"中的农民和土匪希望逃避他们生活的严酷世界，他们受到让人误入歧途的"对远方父亲般的皇帝的爱"的驱使，并对共和政府新式的世俗化自由保持着警惕。于是，他们逃离了历史，期望建立一个超越时间的世界。为此，他们做出了牺牲。

在1897年的大多数时间里，共和政府的士兵对卡努多斯和它的坚定的捍卫者们发动了无数次猛烈的进攻。安东尼奥的军队击退了每一次的进攻，双方伤亡惨重，巴西军队被迫撤退。随后大批增援部队陆续抵达，围攻再度展开。8月，卡努多斯遭受轰炸。炮火主要瞄准康塞莱罗活动的象征——教堂。到那年9月6日，新教堂的塔楼已为炮火夷为平地。但反叛者仍然坚守着。即便是安东尼奥在9月22日战死，也未能削弱猛烈的抵抗。在随后的两个星期里，进攻与反攻持续进行着，直至最后。在经历了差不多一年之久的围困和种种困境之后，一些妇女、老人和孩子（共有三百多人）投降了。男人们拼死抵抗，没有一个人活着离开。一如欧克利德斯·达·库纳告诉我们的那样，"该城镇并没有投降……它坚持到最后一个人阵亡"。

10月5日，卡努多斯——一步一步地被入侵的军队占领——仅仅剩下了四个男人，即"一位老人，两名成人和一个孩子，面对着有5000名士兵的狂怒大军"。这四个幸存者很快就倒在了军队的枪林弹雨中。妇女们抱着自己的婴儿跳进了令整个镇子熊熊燃烧的大火中。在抵抗结束之后，占领的军队摧毁了留下来的全部住处，大约有5200个。安东尼奥的尸体被挖出来，他被砍下脑袋。他脸色铁青，头颅被运送到大西洋海岸，"在那里，迎接它的是犹如过狂欢节般快乐的狂喜的大众"。如今，卡努多斯的所在地已深埋水底，因为一座大坝恰好在该地——一个曾经发生过末日期盼、猛烈的抵抗及说不尽的暴力的地方——筑起了一个水库。

读者或许希望指出，卡努多斯反叛的故事曾在历史上多次重演。在千禧年期盼的感召下，诸多的社群对有组织的政权和霸权式的宗教的军队进行了抵抗。这些事件在历史中不过是沧海一粟。与19世纪末巴西偏僻角落里安东尼奥和他的信徒的故事极为类似的是，1244年色居尔山（Mont Segur）最后一批阿尔比派教徒（Albigensian）——他们遭到了正统的基督教徒的攻击和无情的杀戮——的故事，马萨达（Masada）犹太人的故事以及努曼西亚（Numancia）塞尔特伊比利亚人（Celtiberian）

的故事。极为类似的情况也发生在近代初期明斯特（Munster）居民的身上。从许多方面看，天门崇拜的四十多名信徒、琼斯顿（Jonestown）无助的居民、大卫·科雷什（David Coresh）在韦科的信徒都是同样的情形。不过，这些情况有一点关键的不同。这些在本章中已经提到过。

  是什么引发了这些抵抗行为？又是什么导致了这种明知必死也要抵抗的行动呢？尽管并非总是受到宗教的鼓动——爱国主义常常发挥作用——但某些形式的宗教信仰显然起到了催化剂的作用。这些末世运动是对历史的一种真正的逃避和拒斥，它们在本质上几乎总是属于异端，与标准的历史进程形成鲜明对比。像卡努多斯的壮举，或像在明斯特忠实地建立神圣王国，不仅是规模相当庞大的群众运动，而且与变革的社会、经济形势有着密切的关联。他们的计划，无论是否得到阐述，都有着乌托邦式的梦想成分：众生皆平等；废除财产；在某些事例中，甚至是废除家庭。其他一些小规模的运动，如天堂之门，尽管也坚实地植根于特定的社会环境，其倾向却是怪异的和令人费解的。最终，两种方式都为逃避历史及历史的恐怖提供了一种途径。

结语：附记

  或许，由于这本书毕竟在很大程度上是我个人对"历史的恐怖"的反思，抑或是对"讲述历史对我们的理解意味着什么"的反思，因此，我应当再讲述一个故事，这是一个我在讨论这些话题的课上总是以它作为开始的故事。这是一个真实的故事。不过，像所有的故事一样，随着时间的流逝，它常常被添油加醋。这是一个一直令我历历在目的故事，一个对自那以后在我身上发生的所有事情都有着重大影响的故事。在许多方面，这个故事揭示了那种神秘经历的种种要素，对弗朗西斯及中世纪和近代初期欧洲的其他神秘主义者而言，这些经历是极为熟悉的。我们中的许多人都曾经在某个时候经历过这种事情。真实的情况是，我从来就不曾因末世梦想而误入歧途。尽管我有着某种自私的想法，即当我离开这个世界时，我不想独自一人离开，而要将所有人带在一起；不过，我太喜爱一些人，不愿让他们的生命同我一起结束。我不是神秘主义者，却经历了一些事情，它们再次肯定了宗教在延缓历史与时间方面发挥的重要作用。故事是这样的。

1971年，我还是普林斯顿大学的一名历史研究生。我到西班牙旅行，进行关于中世纪布尔戈斯（Burgos）的社会与政治研究。自那年年末到1972年春天，我在陈旧而满是灰尘的档案中兢兢业业地进行着自己的研究。我变得焦躁不安。弥漫于卡斯蒂尔（Castile）平原的普遍绝望，特别是置身于那时还在佛朗哥治下的西班牙，让我心绪不佳。在那时，布尔戈斯仍然是一座省城。因无法与周围的任何一个人进行得体的谈话，我感到孤独。此前只有在纽约，我才发现自己有着这种置身于茫茫人海的孤独感。我喜欢到处闲逛，但布尔戈斯太冷了，不宜逛大街和凝视芸芸众生。我匆忙地进行着研究，心里却想着逃离卡斯蒂尔中心区的凄凉。四月末，我终于坐上火车前往位于西班牙西北角的加利西亚（Galicia）。我的研究完成了，我盼着有一段休息的时光，盼着与朋友聚在一起。

在此之前，我从未到过加利西亚，我所有关于这个地方的假定也都被证明是不正确的。卡斯蒂尔的一些人曾对加利西亚的自然美景赞赏有加，对这里的居民却嗤之以鼻。这并不重要。我在那里有朋友，我将看到大海。我出生于一个岛屿。对我来说，大海几乎代表着生理上必需的某种东西。在经历了几个月寒冷的冬天后，加利西亚温暖的天气受人欢迎，让人从卡斯蒂尔冬日的严寒中喘过气来。我到了圣地亚哥·德·孔波斯特拉（Santiago de Compostela），被满是苔藓的石头、狭窄而富有浪漫气息的街道、加利西亚人的温和与热情所震撼。我的朋友为我敞开房门，我心满意足。当朋友和室友前往医学校听课时，我漫无目的地穿行于中世纪曾是这座城市中心的街道。其他的日子里，我则想睡到多晚就睡到多晚。没有闹钟，无事可做，也没有任何责任。作为成年人，我们在一生中至少应当有这样一次经历。

朋友曾向我承诺过一次沿加利西亚海岸线行进的汽车之旅。于是，我渴望着看到大海。我们坐着巴士来到维戈（Vigo），来到一位德国朋友的住所。他是一位美学家，一个好人。他将是我们周末的东道主。在度过一个非常惬意而放松的星期六后，我们在黎明时分离开维戈，驱车蜿蜒于美丽的"下海湾地区"（rias baixas）的海岸边。这是一个为翠绿的群山环绕的深海的入口或峡湾（fjords）。我凝视着绵延不绝长达数英里且让人惊心动魄的海滩。在20世纪70年代初，它们尚没有为贪心不足的游客或为寻求舒适的中产阶级所破坏。我们驱车经过小渔村和他们为之而自豪的独特邮筒（升高的谷物储藏桶）。我徜徉于加利西亚的青山和蓝色的海水间，感觉就像一个迷失了家的孩子。

我们不时中断旅程，停靠在破旧的修道院旁。我们的那位德国朋友如数家珍般地对这些修道院进行了详尽的描述。在一个已经相当不错的地方，即位于海滨的帕拉多·德·巴约纳酒吧（Parador de Bayona），我们以拖沓却美妙的西班牙方式吃了一顿饕餮盛宴。丰盛的食物、低度的里贝罗（Ribeiro）葡萄酒以及海浪拍岸的声音令我陶醉。我已准备好返回维戈，而我们的德国朋友坚持驱车前往毗邻葡萄牙边界的圣特克拉山（Mount Santa Tecla），去看凯尔特人的废墟。

掩映于苍翠森林中的圣特克拉山"俯视"着大西洋，一度曾是凯尔特人的圣地。天气瞬息万变，这在加利西亚颇为常见。狂风迅速地吹动着乌云，太阳躲了进去，雨滴开始坠落。我的朋友们以前曾到过那里，他们选择了待在车中。不过，他们敦促我爬完剩下的几米，到山峰观看景色。我并不真正中意"走出车外进入越来越潮湿的天气中"这个主意。不过，出于礼貌，我还是这样做了。我爬上了圣特克拉山的顶峰，俯视着眼前一望无际的大西洋。在我的右边，米罗河（River Mino）蜿蜒流淌于翠绿的山谷中，成为（西班牙）与葡萄牙的边界。出乎意料，我感觉到一丝宁静和明悟。我似乎能看透万物的本质，并能理解宇宙的真谛和运行方式。我心平气和，恢复了宁静。在有生之年，我还从来没有感受过如此的宁静与完整。我感受到了这样一种强烈的欲望：想要飘荡下山，投入海的怀抱之中。不，这并不是一种一了百了式的渴求。相反，我感觉到而且也知道，每一块礁石，每一片树叶，每一片云彩，还有海洋本身，都成为我的一部分。反之，我也属于它们中的一分子。我怎样解释这一难以言喻的现象呢？甚至是现在，几乎40年之后，我心中仍然感受到这一巨大的压力，一种想要知道家在何方的感觉，一种想要在一个极短的时间里同自我完全融合为一体的感觉。我不知道自己在那里伫立了多久。那时候，雨大了起来，冰冷的雨水让我醒过神来。我从山顶走了下来，回到车中。我的朋友正担心着我的迟延。我几乎无话可说，仅仅是含糊不清地回答着他们的问询。一路到维戈乃至最终回到圣地亚哥，我都极其安静。

我还能说点什么呢？一年半之后，1973年12月，在一次我那时几乎承担不起的即兴的出行中，我从纽约出发到加利西亚旅行。我仅停留了四天。这四天的多数时间都消耗在从纽约到马德里，再从那里到圣地亚哥以及返回的路上。我想再次造访那座山。在众多朋友的陪同下，我到了特克拉山（Tecla）。我恳请朋友们让我独自登上山峰。美丽的景色仍在，我却坐在一块石头上哭了起来。那种感觉无法再次体验到了。往事依然无法接近，或仅仅是留在了记忆中。不过，我两次在自然中感受到某种相似的东西。一次，在（20世纪）70年代中期，我刚刚读完《卡拉马佐夫兄弟》（*The Brothers Karamazov*），在一个难得的美好春日里漫步于普林斯顿，看着千姿百态的花儿，感觉自己同自然融为了一体。不过，时间极为短暂。另一次是在加利福尼亚初秋时节的某一天，圣塔安娜焚风①（Santa Ana winds）一扫空气中的埃尘，阳光明媚，一切都变得耀眼而清晰起来。我环顾四周，认为自己正在领悟万物的真谛。

神秘主义者将我的体验界定为"启迪"（illuminations），并非真正地与上帝神秘地融为一体，而仅仅是对现实的新层次的一种体验。尽管曾有着这些领悟世界的短暂时刻，我仍然对信仰持有高度怀疑的态度。不过，作为我往事的一部分，这些清晰的记忆不时浮现，没有得到解释，也无法解释；它们提醒着我弗洛伊德所谓的"海洋的感觉"，以及人类理解并创造含义的持续期望。在那样的地方，如我反复前往旅行的地方，时间、历史和世界皆"与神融为一体"。受压迫者同样也会抓着有领袖

---

① 圣塔安娜焚风，一种强劲、干燥、炎热的离岸风，通常出现在深秋至冬季，影响范围涵盖美国加州南部到墨西哥最北端的州。——译者

气质的人的燕尾，一如卡努多斯反叛故事里那样，通常盲目地也是徒劳地尝试着通过宗教来逃避个人和集体的历史，其结果几乎总是致命的。不过，当然还存在其他逃避历史的方式。毕竟，并不是所有人都有宗教信仰。

第三章 物质世界与感官

"要及时行乐！"
——纽约市哥伦布大街有一家出售发条玩具的不错的小店，它的贴纸就这样写道。很久以前，小店关门了。我希望那是因为店主享乐去了。

再次引用薄伽丘的话可能是有用的，下一章我们也会讲到。薄伽丘非常精准地指出了他的佛罗伦萨同胞应对1348年瘟疫的方式。如本书序言讲述的那样，在《十日谈》的前言中，薄伽丘描述了瘟疫在佛罗伦萨的爆发，生动而详细地讲述了瘟疫在佛罗伦萨社会中肆虐的不同方式。如早些时候指出的那样，面对黑死病带来的浩劫，一些人匍匐祈祷，在宗教游行中虔诚地行进，或欣然接受了怪异的信仰；而其他的人选择了不同的道路。在佛罗伦萨，许多人贪婪地拥抱着物质世界与感官享乐。对于那些宗教信念为灾难所动摇抑或根本就不相信祈祷效力的人们而言，享乐、宴饮和放纵，为逃避瘟疫所带来的无法理解的恐怖提供了一种方式。面对灾难，他们的宴饮同我们今天的一样，为毫无益处的城市政策抑或是毫无前途的宗教实践提供了某种备选项。在1348年的佛罗伦萨，一切都不起作用。或许，许多人在想，"在我们剩下的为数不多的时日里,至少让我们找些乐子,并忘掉不幸"。

薄伽丘本人的话可能会更好地传达我想说的。对他而言,当时拥抱物质世界的人们有两种类型,其方式也各不相同。第一种类型的人在物质的慰藉中得到了快乐,却始终保持着节制。

有一些人,他们认为,有节制地生活并避免

> 所有的多余之物,可能会极大地有助于抵制这种疾病。因此,他们聚集成各种小的团体,在完全与其他人隔离的情况下生活。他们将自己关闭在没有病人且能生活得好的房舍中。在那里,他们吃着最精美的食物,喝着上等的葡萄酒(这样做的时候始终适可而止),不允许任何人谈及或倾听关于外面的病人或死者的任何事情。这些人活着,以音乐以及他们能够安排的其他乐子打发着时光。[①]

对于选择这一方式的人们而言,享乐本身并不是目的,而是为了找到一种方式,以消除蔓延在佛罗伦萨街头的疾病和死亡带来的痛苦。在这里,享用珍馐美酒,欣赏音乐,愉快地聊天,起着遏制作用,是疾病的一种缓解剂。它是活下去的一种方式。但如薄伽丘所讲,其他的人却有着不同的看法。

> 其他的人想法正相反:他们相信,纵情畅饮、享受生活、唱歌庆贺,竭力以各种方式满足自己的各种

---

① Giovanni Boccaccio, *The Decameron*, trans and ed. by Mark Mussa and Peter E. Bondella, W. W. Norton, 1977, p. 5.

欲求，开怀大笑，对发生的一切满不在乎，是治疗这种疾病最好的药物；因此，他们极尽能事地践行着他们的信念，没日没夜地游荡于酒肆之间，喝得烂醉如泥；他们常常会在私人的宅邸中尽情地玩乐，做着所有最能让他们感到满意或快乐的事情。①

尽管这里仍然有着一丝逃避疾病的希冀，但是，饮酒和玩乐显然是缓解瘟疫施加给佛罗伦萨市民的压力的一种方式。

薄伽丘的描述并没有什么不同凡响之处。在整个历史中，人类作为个体或群体的成员，一直在拥抱物质世界，以寻求慰藉，并从灾难或个人的损失中解脱出来。有时，这些反应是一整套复杂回应的组成部分，而这些复杂的回应包含着宗教和其他"元素"——物质和美学情趣。所有的这些混杂在一起，融合成了一壶异常醇烈的美酒。大多数宗教尊奉让人着迷的地方在于，（它们是）其中一些要素任意的组合。例如，弥撒的仪式和祈祷本身，将对精神升华的期盼同一整套感官刺激结合起来。这些感官刺激包括：下跪的举动，氤氲的烟雾，音乐声，司仪神父和会众仪式化的姿势，雕刻、绘画、彩色玻璃窗的美学魅力以及圣地本身的美学魅力（尽管并非始终如此）。宗教行进、朝圣、鞭笞者的徘徊，还包括瓦拉纳西（Varanasi）和其他一些地方将苦行僧及信徒浸入恒河的圣水里，一年一度的朝圣或前往麦加的徒志（Hajj）期间圣殿（ka'aba）中仪式性的绕圈，在耶路撒冷庙墙下或在整个伊斯兰世界的清真寺中虔诚祷告的犹太人或穆斯林信徒带有节奏感的晃动……这些不断提醒着人们：宗教尊奉有着外在的、物质的一面。因此，人们进行精

---

① Ibid., p. 5.

神和物质的二分时应当小心，因为，作为逃避历史的恐怖的一种形式，或作为一种缓解剂，宗教的吸引力实际上植根于宗教尊奉的物质魅力之上。一如伊夫林·昂德希尔（Evelyn Underhill）在她论述神秘主义的那部陈旧却仍然引人注目的著作中表明的那样，外在的美常常触发与上帝融为一体的意识，而这恰恰是神秘主义体验的本质。① 如前一章叙述的那样，这是我本人的经历中让人着迷的一部分；外在美的魔力转化为一种精神体验。

拥抱感官

在我看来，拥抱物质世界以避开历史的重负是什么意思呢？那种拥抱同其他会产生信仰和宗教的拥抱又有何不同？显然，我这里另有所指。不过，探讨这一话题时，我必须小心行事。含义始终是难以把握的，我们越是密切地审视这些事物，就越趋近于不同的解读。在成长的过程中，我对不同的意识形态进行了考察。例如，普遍认为共产主义者——特别是守旧派——完全忠于他们的信仰，事实上，这是非常虔诚的。也就是说，这种意识形态的依恋与爱国主义情怀并无不同，当它们被深切地感受到并得到忠实的尊奉时，同样会产生诸多的情感回应，而这些正是人们在宗教尊奉或神秘的狂喜中发现的。

尽管我们自始至终都知道，身体愉悦和宗教感情，跨越界

---

① Evelyn Underhill, *Mysticism: A Study in the Nature and Development of Man's Spiritual Consciousness*, New American Library, 1974. 昂德希尔本人就是一名神秘主义者，她的书将严谨的学术与真正的信念相结合。

限而共存，却还是对逃避历史的形式加以强调。这些逃避历史的形式虽然主要关注身体，但目标是肉体的快乐，并以之解决时间的不确定性。毕竟，我们都愿意过好的生活，并尽可能享有最大的幸福。很久以前，弗洛伊德告诉我们，源自身体和感知的那些感觉——吃、喝、性愉悦，甚至是疼痛，在某些情况下，对某些人来说，都能成为一种愉悦的形式。不过，我这里的意思并非指的是我们个人日常寻求的肉体上的满足。然而，出发点仍然是个体、自我以及在某些情况下的群体的体验。这个过程最终的结果是快乐。不同的文化以不同的方式对快乐和/或欲求进行着界定与回应，但我们的神经系统对某些刺激，如饥餐、渴饮、醉酒、性交，回应的本质反应则遵循着有限的可能性，这种经历也是有限的。宗教，至少是源于"经书"的大多数宗教，始终能理解肉体和物质世界的强大吸引力所带来的严重危险。在各种宗教的训诫、律法及神圣禁令中，它们试图限制享乐，并用严格的行为准则和近乎苛求的斋戒来束缚信徒的身体。众多宗教文献对性、欲求及饮食过量的规制，有时甚至是谴责，提醒着我们，让我们意识到：在某些领域中的人类感官体验是过度的，这在本质上是反宗教的。

"凡事不可过度"，德尔菲（Delphi）的神谕宣称，即便是特别能接受肉体愉悦的希腊人也理解屈从于欲望的极大危险。希波的奥古斯丁在他的大作《忏悔录》中严厉指责自己屈从于肉体的诱惑——然而，坦率地讲，如果我们对享乐进行反思，那我们就不可能做到尽情享乐。希波的奥古斯丁懂得，当肉体寻求满足时，它便不会想到上帝或历史。这里，我对奥古斯丁所讲加以演绎：我们所有的人都是在非理性的时刻，即在没有念想到上帝或理性的性高潮时刻被孕育出来的。这种思想或多或少遵循了柏拉图的思路。柏拉图提防着肉体的需要，将性需求和性愉悦描述为一种"躁动",即理性思维为性欲所蒙蔽的状态。

因此,"十诫"与"申命记"的大部分内容为我们的探索提供了完美的路线图,这些经文清楚地列出了各种形式的享乐。这些享乐分散了我们的注意力,使我们远离上帝、社会秩序和历史。身体的放纵威胁到的并非仅仅是各种信念。无限制地向感官放纵屈服,同样将社会本身置于危险的境地。我这里谈的并不是普通人对感官的正常追求。我们关心的问题是,将享乐和拥抱物质世界转变成人生唯一的目标,转变为逃避历史重负和无情岁月的一种方式。除宗教狂热分子、执着之人或有强迫症的人们外,我们所有的人都努力工作,向上帝或诸神祈祷,抑或是不向它或它们祈祷,试图过或多或少符合道德的生活,有时(对他们来说并不够)则沉溺于吃美食、消遣和肉体的愉悦。我们的社会规范和行为准则——即便对那些并不笃信宗教的人们来说——为我们尚是儿童和青少年时的早年生活提供了一些嬉闹的空间,为那些职业和家庭决定着大多数人的追求的中年时期提供了更为有限的享乐机会。随后,在我们的迟暮之年,当我们可能拥有追求享乐的财富和时间时,我们中的许多人却没有了追求享乐所需的精力和健康。或者,以更为直率的方式来说,起初,我们并不真正知道我们在做什么,因为享乐同样是一种学习而来的体验。在中年,我们常常太忙碌,或陷于寻常的生活中:追求事业,组建家庭。到迟暮之年,消化不良,膝盖疼痛,大小便失禁及年迈所面临着的不幸,常常阻碍我们不受限制地享受世界。

当然,这里我所谓的"拥抱物质世界,将它作为逃避灾难和历史的恐怖的一种形式",有两种具体的表现形式。第一种是灾难触发的发自内心的即兴狂欢。薄伽丘的描述是深刻的,原因就在于他捕捉到了一个众所周知的事实。面对瘟疫的侵袭和无尽的死难，很多人会酗酒、私通，做一些在平时被认为是越界的事。第二种拥抱物质世界的方式发生在个体层面上，源于一个人对个人损失的意识。巨大的不幸，如失去所爱的人，通常会引发一种通过性行为来忘记的欲望，或通过外在之物提醒我们：尽管所爱之人已逝，我们却依然活着。一如前面指出的那样，这种行为让得以精心阐释的宗教禁令备受挑战。它们同样威胁着社会的结构。我们所有人或多或少有过这样的经历：面对让人痛楚的损失，挚友、亲朋的离世，或其他的逆境，我们常常转向肉欲。我们脱去小心包裹的礼法外装，抛弃用心学来的有关克制的种种训诫，干着我们终究会后悔的各种事情。不过，在我们这样做的时候，它们确实让我们，还有我们心中的各种麻烦，远离当时的痛苦和日常生活的重负。

历史与物质世界

如果我这里描述的——我们的部分体验，我们对身体和情感慰藉的部分需求——易于理解的话，那么，以怎样的方式才能将它假定为对历史的一种逃避呢？我认为，历史和历史进程是由多种力量（社会、经济、文化、地理、人口及其他因素）驱动的。不过，历史同样为个人和群体的意愿——忍受诸多悲痛的意愿、升华自己的需要和欲求的意愿、面临艰难险阻却顽强地坚持着自己的工作的意愿——所驱动。当然，我并没有讲出什么新颖的东西。约瑟夫·R. 斯特雷耶（Joseph R. Strayer）在一篇短文——20世纪70年代初，他作为美国历史协会主席的致辞——中，就14世纪的前景讲述了同样的内容。他问道，在中世纪的社会为饥馑、瘟疫、战争、革命等幽灵困扰的时候，政府的基本组织、经验和信念却存续了下来，怎么会这样呢？它们之所以存续下来，一如序言中指出的那样，是因为无数的人坚持工作。如果我们不那样做，抑或我们进行逃避，那我们便是在挑战历史的效力。

我承认，在人类短暂的历史中，我们从来就未曾完全痴迷于回到一个全无秩序的世界，或一个充满无尽的暴力与享乐的世界。然而，这种不加克制的行为不时发作的事例提醒着我们，逃避的梦想仍是人类文化中的一种强大力量。不过，它通常更多地属于一种梦想，而非现实。稍后，我将探讨这种逃避历史进程或逃避权力不断演进的特性的神秘欲求的不那么显著的体现形式。眼下，我们只要记住世界的物质性表现为两种形式就够了。在一定程度上，几乎我们所有人都沉溺于某些形式的肉体享乐中。这种放纵是身体对日常生活的压力的自然和必要反应。在我们只能依靠自身之际，我们逃避了责任，逃离了前途，贪婪地享受着当下。第二种回应在大多数情况下是一种集体回应。1348年，当众多的佛罗伦萨市民和西欧其他地方的人们遭受瘟疫的连续侵袭时，就是这样做的。

然而，灾难性事件，或日常生活中令人无法忍受的焦虑和单调不是否认万物而拥抱当下的唯一诱因。同样，（当我们）意识到自己的生活——无论是个人生活还是集体生活——毫无意义，我们就可能以多种不同的方式走向宗教、唯美主义和感官（享受）。在古代世界，宗教通常是与身体、身体的种种感受和愉悦密切联系在一起的。一个人可以一边如酒神般放荡，一边遵奉宗教的职责和礼仪。直至节欲主义（它隐含于柏拉图的著作中，自公元二世纪，节欲主义得到强有力的阐释）的兴起，"身体和物质世界都是可以受到腐蚀的，是邪恶的"的观点在西方有了立足之地。因此，我们不能为这样的历史学者所欺骗：他们遵循各种伟大的文化成就的路线，编织着西方历史的发展。酒神式的庆典，淫乱的、快活的行为的激增从而产生的高度仪式化的、令人兴奋的激情是古典世界不可或缺的一部分。每有一个苏格拉底、柏拉图或亚里士多德，就有成百上千的人参与公共活动，并得到默许。在这样的场合下，究竟发生了什么呢？

  酒神式的庆典并不是什么特殊的事件，也不是古典文化中的怪异方面。在古代新月沃土（Fertile Crescent）地区，庙娼崇拜便是基于身体的其他信仰形式的例子。据研究报告表明，古老而半神秘的锡巴里斯（Sybaris）便是这样一个地方：在那里，市民完全将自己交给享乐和奢侈，将它们作为生活的核心和准则。这同样提醒着我们，作为反制社会、平衡政治规则、宗教原则（或作为它们的一部分）以及日益增长的令人窒息的国家控制的一种力量，享乐具有强大的吸引力。正如前面提到的，大多数的律法与宗教，当然也包括源于"经书"的宗教，都以禁止和惩罚这种行为（从暴饮暴食到性行为）为目标。但历史证据一直告诉我们，放纵行为的吸引力确实强大。关于消解（dissolution）的种种文学表述反映了这些常见而众所周知的生活方式。

《感官世界》和身体愉悦的艺术表现

  从酒神式的狂欢跳到一部相当出名的法日邪典影片（cult film）《感官世界》（In the Realm of the Senses，1976），看起来或许有点令人困惑。不过，这部影片非常生动地刻画了我在这里想传达却传达得不那么成功的那些内容。这部影片初次上映便产生了相当大的影响力，原因就在于它对20世纪30年代的一个真实事件进行了直接的描述。一个男人同一个女人从现实世界中遁逃后，不断进行着猛烈而变态的自杀式性行为。结果，那名男子被勒死，阴茎被割掉，身体浸泡在鲜血之中。虽然每一种性姿势都得到了探索（和尝试），但是，这部影片始终让我铭记于心的并不是它的色情。毕竟，在经过一段时间后，连续不断的性行为完全就是一件令人痛苦的事情，其间还伴随着不断加剧的暴力，这几乎让人无法忍受。是嫉妒使它变得令人无法忍受吗？正相反，让我感到震撼的是它的情境（与外部世界的隔绝）和那对真实的夫妻及模仿他们的演员抹杀时间和历史的努力。在那间屋子里，唯一重要的事情并不是发生性行为，而是榨取每一丝的快乐、痛楚及占有。外部世界消失了，时间消失了，历史也消失了。然而，由于这一切难以为继，于是，唯一合乎逻辑的结局就是死亡，而不是回归"正常"的世界。尽管我们中的大多数人不会让性行为造成这样致命的结果，但显然，我们中的大多数人曾经有过这样的经历，即便这种经历很短暂。也就是说，在某种程度上激情四射的性行为似乎给我们的部分生活蒙上了一层面纱。此时此刻，思想、理性、神灵、历史都被抛之脑后。当然，我们无法让这一刻延续下去。我们自觉地悬崖勒马，恢复到平凡的日常生活中，并再次戴上面具。不过，如果我们不承认已然看见的站立处悬崖下的景致，不承认自己留恋于肉体的力量并忘乎所以，不承认自己即便知道留在那间屋子里将必死无疑也不愿意离开那里，那我们就是在撒谎。像所有的影片一样，这部电影是一种虚构的表现。不过，故事是真实的，而且是引人入胜的。事情的确发生了。像这样的事情的确在反复发生着。

94　　类似这样的情感，即便不以那么形象的性形式加以描述，也可以在戈特弗里德·冯·斯特拉斯堡（Gottfried von Strassburg）的《特里斯坦》（*Tristan*）中找到。就是在这一早期的宫廷浪漫故事中，特里斯坦同伊索尔德（Isolde）逃进丛林，进入一个水晶洞穴。这是一个爱的殿堂，一个远离世人并让人忘记时间的地方。从字面来看，诗人以隐喻的形式描述：在那里，两人相濡以沫，相亲相爱。这一描述极为感人之处在于，戈特弗里德认真地以旁白的形式让我们懂得：这样的洞穴确实存在，他本人就曾进去过；他是从亲身的体验来描述特里斯坦同伊索尔德的性和浪漫经历的；他同样了解让人忘乎所以的肉欲和爱情，它们让人忘记外部的世界，忘记历史的流动，忘记时间本身！

甚至在古代世界，也可以找到试图捕捉快乐本质的更温和的形式，虽然它们并不总是很成功。随着共和时期的罗马成为远逝的记忆，新的皇权推行专制和霸道的统治，文人们以虚构（尽管取材于发生过的或想象的事件）的描述寻求逃避，将它作为忍受像卡利古拉（Caligula）或尼禄（Neru）（两人皆是公元一世纪的皇帝）这样的统治者无理的要求的一种方式。佩特罗尼乌斯·阿比特（Petronius Arbiter）的《萨蒂利孔》（*Satyricon*），尤其是其中的"特里马乔之宴"（*Feast of Trimalchio*，《萨蒂利孔》中的一章）便是这种新讽喻体裁的一个非常好的例子。这种体裁不仅对新富阶层和他们的外国旁支进行了社会批评，还栩栩如生地描绘了一幅如何逃避帝国新权力下种种令人窒息的要求的景象。

在他对帝国尊荣衰退的描述中，塔西佗（Tacitus）告诉我们，皇帝要求佩特罗尼乌斯自裁，而这种要求在"新罗马"并不罕见。塔西佗还告诉我们：佩特罗尼乌斯"在温暖的浴池中割开自己的血管；与此同时，音乐和美丽的女奴让他安心地前往美丽的远方。不过，从来就不曾有人真正从那里返回"。然而，"特里马乔之宴"讲述的是什么呢？赋予它活力的那些绝妙的时刻又是怎样的呢？在许多方面，同现代的宴会一样，特里马乔的宴饮让酒神式的放纵走出丛林和旷野，进入城镇的内部空间。我们现代的大多数宴会甚至是婚礼（其特征通常是大吃大喝、狂放的跳舞等）都是相当庄重的事情，其间，文明礼仪的种种重负妨碍了我们按正常的方式行事。少数在迷醉中洋相百出的人因不守规矩而被轰走。不过，我们所有的庆祝活动中都有一些喧闹的行为和逾矩的行为，它们随时都可能出现。

特里马乔之宴

现实生活中，特里马乔之宴是相当无趣的一件事。一如大多数的宴饮，它最终少了喧闹，更多地成为新富们的卖弄和丑陋表演。公平地说，特里马乔之宴充斥着佩特罗尼乌斯对受人鄙视的新社会阶层的想象：令人匪夷所思的食物、葡萄美酒，无聊的讲述令人兴奋的故事，如此等等。宴会的记录者不再记叙这件无趣的事。在许多方面，这场宴饮让我们想起欢宴的共同经历，想起开怀畅饮的那些时刻。在那一刻，自我的种种边界被打破，我们同世界、同我们周围庆祝的人们融为一体。不过，到最后，我们通常都会感到失望，因为欢宴变成了如特里马乔之宴般可怕而无聊的事情。然而，让我们想一想仍会活跃在我们世界中的那些喧闹场景，想一想（20世纪）60年代，或今天年轻人的狂欢聚会，以及濒于中产阶级正常礼仪边缘的那些神秘事件。关于这一切，我们这些老年人只能道听途说。我们的儿孙可能会参与这些事件，而我们因为年龄而理所当然地被禁止。喜欢高亢音乐的学生告诉我，没完没了地唱啊跳啊，偶尔使用精神性药剂，常常会让人忘形。色雷斯丛林中或罗马城外粗野疯狂的行为不复存在，现代的狂欢聚会多在年久失修的大厅中举行，或一如在加利福尼亚发生的情况，在沙漠中举行。再举一个例子，最近才举行了40周年庆典的伍德斯托克音乐节便是一场前卫的大型狂欢聚会。即便今天的狂欢聚会在许多方面明显不同于（20世纪）60年代充斥着意识形态因素的运动，但所有那些经历过60年代的人们，无论是作为参与者还是饶有兴趣的旁观者，都会承认这些公共庆典的魅力。在60年代，这样的公共聚会有着浓厚的政治蕴含，而今日的狂欢聚会却没有政治含义。事实上，这些可能是要求远离政治、希望逃避参与历史的最强烈的一种表述。

参加狂欢聚会的那些人同酒神庆典的参与者极为相似，在通宵达旦的庆祝（那必定是一件让人筋疲力尽的事情）之后，他们回到自己的教室中，回到自己的兼职工作中，按部就班，直至下一次盛大的活动。因此，使我们从时间和历史中摆脱出来的，并不仅仅是性、食物或酒水。任何一个喜欢音乐或喜欢跳舞的人，都会同在这类庆典中发挥作用的各种力量产生共鸣。当音乐的节拍紧扣他们的心弦时，他们情不自禁地顺从了身心所发生的一切。当然，我这里谈论的并不是美学上的快乐，美学上的快乐主要建立在学习而获得的音乐欣赏水平之上；我谈论的是音乐同身体的运动之间的关系。转述尼采在《悲剧的诞生》中对酒神典礼的描述，我在这里想到的是充满活力的舞蹈。在这样的舞蹈中，身体不是按照既定的方式扭动，而是随着音乐的节拍摇摆、旋转。于是，舞者与所有其他的同伴融为一体，忘情于音乐的节奏、身体的消耗，让人沉醉其中。我确信，必然有某种令人信服的化学解释。这种感觉，让我们从种种拘束和禁忌中、从我们周围的世界里解放出来，即便为时极短。

狂欢节

狂欢节，至少是某些形式的狂欢节，通常为（我们）在集体性的狂欢中忘记自我提供了环境。狂欢时，人们超越了时间和空间。当然，狂欢节是历史现象。在今天，多数的狂欢节是受到条条框框的限制并被事先预设了进程的事件。里约热内卢闻名遐迩的狂欢节是资产阶级礼仪的一种表现，这是在多年前就规划好的。每支桑巴舞队（Samba）恪尽职守地忙碌着，准备着各自的"华服"，也就是它独特的装束。舞队在严格限定的时间内行进。他们的表演根据整套既定的标准来评判，如服装、表演舞蹈所花的时间、音乐的品质及原创性等。唯一缺少的是自发性。我记得年少时在哈瓦那（La Habana）看过的那次狂欢节。它与今天巴西巴伊亚州萨尔瓦多的狂欢节没有什么不同，也被恰好划分为两个相关却彼此对立的部分。周日下午，装饰奢华的花车在精心划定的空间内巡游着，中产阶级的家庭在预先付费的预留站台上观看着。节日是色彩斑斓的，多少也是欢乐的，但并不狂野，也不具破坏性。星期六傍晚夜深之际，参与狂欢节的各个团队走了出来，行进于各条街道之中。穿着单薄的男男女女跳起舞蹈，非洲-古巴的靡靡之音弥漫于夜空之中。站立在人行道上的人群喝得酩酊大醉，等着喜爱的乐团或音乐使他们沉浸其中。他们即兴地加入唱和跳的行列中，常常将所有的束缚抛于脑后，并以淫乱告终。

当然，这两种不同模式的庆祝同样基于年龄和阶级。在古巴和巴西，它们还取决于种族。周日下午的人群多数是白人、富人和中年人。他们梦想的是代表着突破有条不紊的生活的狂欢节。不过，他们很少愿意完全放开。周六傍晚出来的人们多数是黑人、穷人和年轻人，还有少数中产阶级的年轻人也屈尊混入平时几乎没有来往的人群中。因年龄和性情的缘故，我游移于两个世界。我既参加了周六晚上的各种庆祝活动，因为它们要有趣得多；也加入周日家人外出的队列中，因为那符合我的身份。对狂欢节的政治附带的讨论，以某种不经意的方式将我们带回对阶级的反思中，乃至回到讨论它与拥抱实物和快乐之间的联系这个尖锐的问题上。这也同样为第四章将要展开的有关历史灾难的美化问题做了铺垫。

寻欢作乐与文化

如果像苏格拉底主张的那样，未经审视的生活是不值得过的，那么，酒神式的迷乱、狂欢聚会、狂欢节盛宴以及拥抱肉体享乐的其他流行而显著的形式，便是对这一观点有力的否认，也是对长期秉持的、关于理性的生活和文化的理念的否认。它们附和了尼采对狄俄尼索斯（狂欢节式沉醉的一种形式）与阿波罗的区别对待，也就是说，我们生活在永恒的紧张之中：一方面，我们追求理性的个人主义；另一方面，我们渴望融入社会，渴望自我的先念性清除。简言之，狂野的庆祝并不是由一小群知识分子"塑造"的，而是由普通人形成的，它们似乎远比寻求反思的生活更具活力，也更受欢迎。这是以一种迂回的方式将我们引向这一问题：事实上是谁在逃避历史？尽管从本质上讲我们所有人都是历史的行为者，无论我们是否充分运用自己的中介性力量并影响历史进程，无论我们是历史的主体或历史是强加于我们的，也无论历史是否是我们书写的，现实便是：对绝大多数人而言，历史和历史事件通常是同他们的日常生活没有关联的，也是外在于他们有意识的体验范畴的。我们体验恐怖灾难的方式的差异植根于阶级差别、经济福祉和教育。对世间大多数的人来说，最为重要的事情是成为他们个人和家庭经历的一部分的那些事情，它们植根于本土和当下，而不在长时段的历史范畴之内。在伊利亚德论述历史的恐怖的短文中，他描述了有多少人选择或被迫过贱民般的或边缘性的生活，并将它作为屏蔽（自己）对成为历史事件一部分的焦虑的方式之一。当然，一如早些时候指出的那样，这一描述的问题在于，边缘性很少是选择而来的。通常，边缘性是强加在我们身上的，阿西西的弗朗西斯和其他的神秘主义者属于例外。那是特定的社会、经济、政治甚至是文化环境的结果。当然也有明显的例外。

在乔治·奥威尔惊世骇俗的小说《一九八四》中对这种情况进行了有力的文学再现。它提醒着我们社会阶级的重要性。这本书产生了深刻的社会影响和政治影响，它的影响在某种程度上因它成为高中必读教材而得以扩大。书中，"内党"（Inner Party）的终极目标是"冻结历史"。小说描绘了这样一个社会：其中，占群体中大多数的"无产者"（proles）虽然被征召入伍，面对日常生活的困顿、悲惨及"老大哥"（Big Brother）的残暴政权，他们却保持着统治政党没有的那种活力。在一个感人的场景中，主人公温斯顿·史密斯（Winston Smith）在无产者街区一间荒废的小店顶上租赁了一间屋子，这是一间没有电视屏幕因而远离政党侵扰的屋子。之后，他常常望向邻近的一个院子，看一位妇女洗衣、唱歌。这位快乐的妇女，一位典型的"地球母亲"式人物的形象，便是许多这样一些人勃勃生机的明显体现。对他们而言，历史的恐怖没有影响他们从平凡的琐事中获取些许快乐；于他们而言，从物质世界获取的简单而具体的快乐——在这一事例中，洗濯、晾晒衣服、吟唱某些粗俗却朗朗上口的曲调——成为抵御历史的恐怖的壁垒。

此处，因为我们再次触及理解男人们和女人们如何面对历史事件的问题，我们必须承认，并不是每个人都把事件历史化；从历史的角度讲，意识到过去的自己与现在的自己的差距并不是一种必然。反思过去，反思时间，反思我们个人和集体本身同演进中的历史的关系，或许是罕见的。大多数的人活在当下，历史犹如一个滚动的万花筒，呈现着微小而特定的个人记忆。在那些个人的记忆中，对多数人而言最为深刻的是那些同身体、身体的体验和愉悦联系在一起的东西：大餐、盛宴、初次或一次刻骨铭心的性接触，等等。

在历史与记忆的交汇处，我们不应否认这一事实：许多人逃避或拒绝直面人类历史的重负，逃避或拒绝将他们的共同经历历史化。当然，拒绝或忽视历史，或许是大多数人应对我们每天的生活中接踵而至的"坏消息"的唯一方式。甚至还没有考虑各种真正的灾难，如瘟疫、饥馑、民族清洗、全面的战争、恐怖袭击及其他此种屡见不鲜的事情。2006年4月18日——45年前的这一天，我身陷古巴的监狱，对世界感到不太满意——在为这一章写注释的时候，我浏览了《纽约时报》的头版。新闻并不令人感到宽慰。新闻头条的两边有两张照片，一张是一名以色列医务兵医治一位恐怖袭击受害者的照片，另一张是那位据称有21岁但看起来更像15岁的年轻的"人体炸弹"的照片。新闻头条是特拉维夫的一次自杀式炸弹袭击、飓风卡特里娜对躲避风暴的人们的不良影响、巴比伦被毁坏的珍宝、伊利诺伊州前州长被发现有贪污行为、纽约市警察为控制犯罪而借助马匹，最后但同样重要的一条是关于白宫总统顾问变动的消息。当然，布什先生是他们中"最大的灾难"。这似乎并不是说昨天的头版便会好一些，我们也不应指望明天的消息就会更好一些。

在我反复阅读并订正本章的时候，新闻在报道石油泄漏对长期承受其害的墨西哥湾海岸的影响、日益加深的财政危机、阿富汗伤亡数量的不断增加。这些仅仅是大事件。然而，我担心：多数人更感兴趣的是勒布朗·詹姆斯（Le Bron James）在接下来的五年将在哪里打篮球的决定，而不是解决任何一次重大危机的任何一种办法。这显然不是因为大部分的人不关心或处于边缘地位。偶尔读报的人面对日常生活中如此泛滥的坏消息或乏味的新闻时，翻阅体育或娱乐版块以缓解日常生活中积累的烦恼并不奇怪。这是我们应对日常事务的重负的一种方式。

生活在历史之中和历史之外

生活在一个许多人（当然是在这个国家）疏离于历史、多数人倾向于（或似乎）生活在无尽的当下的时代，世上的大多数人皆通过背弃人类的残骸——本雅明所谓的"历史的天使"希望加以终止的尸骨堆——而逃避历史。确实，拥抱平凡的生活、日常生活的小快乐、接受一个人喜爱的运动队的幸运或不幸、赌博、酗酒及性快乐，将它们作为一个人生活中的主要活动，是相当不起眼的逃避形式。所有这些都不具有酒神式的狂欢庆祝、狂欢节或狂欢晚会那样壮观的品相。毕竟，生活在永不散场的狂欢节中是不可能的。不过，选择生活于历史之中或生活于历史之外，呈现为自觉的方式。然而，当选择后者时，即当选择生活于历史之外时，大多数人是通过拥抱物质世界来实现的。

我应当赶快补充说，这种断言并不构成道德或伦理评判。世界上的人并没有被划分为接受或对抗历史进程的人，又或是积极参与历史进程以及不接受历史进程的人。其中一类人也并不比另一类人更优秀。在年轻的时候，我公开反对在我看来是盲目的逃避行为，如沉迷于运动、酗酒、购物及性行为。但是，我逐渐痛苦地意识到，无论是自觉还是不自觉，这种行为同其他行为一样，是一种不错的策略。当然，路子通常都不是唯一的。在晚年的时候，热切地拥抱物质世界的人们可能会选择宗教作为缓解剂，或相反。彼得·阿贝拉德（Peter Abelard）是12世纪著名的神学家、哲学家，传说中赫洛伊丝（Heloise）的爱人。在遭到阉割之后，他接受了贞洁的生活。不这样，他还能做什么呢？不过，即便没有这种强烈的干预，我们的本性也会发生变化。因此，我并不会在理解和不理解历史的人之间做严格的区分，人类塑造的历史通常是残酷的，我们的回应通常是借助众多的感官路径逃避或抵制历史。那些转而内向、寻求个人或群体生活的人们，即寻求肉体的愉悦而活在当下的人们，或许根本就没有误入歧途。活在当下，既不提及过去，也不提及将来，或许有许多东西值得一说。我常常告诉学生，他们应及时行乐。这种想法合理且深得人心。不过，不幸的是，我并不总是遵从自己的建议。

我不知道这一解释是否完全令人满意。请允许我进行另一种尝试，并用更简洁的语言进行尝试。有些人对历史及其结果进行了反思，并意识到，他们作为历史推动者的行为，要么是在试图改变历史进程，要么试图偏离历史或抵制历史，又或是试图逃避历史。有些人将历史以文字的形式呈现出来，从而将它引入某些可以识别的意识形态或理性渠道。一些人同时做着所有这些事情或其中的一些事情，理性而全身心地参与个人和集体的努力，争取活在历史进程之中。其他一些人只是部分地意识到自己的行动。还有一些人，他们根本就不思考这些事情。相反，他们选择生活在他们发现的世界中，或许仅仅试图改善直接影响着他们的那些环境。如果你正在阅读这本书，你很有可能认为，跻身于第一个群体会更好，因为我们至少拥有某些主体性（agency），拥有某些选择的能力或确定不同进程的能力。不过，我们有吗？这里的问题是：忽略历史——尽管历史当然不会无视我们，它通常也不宽宥我们的疏忽——是否不那么需要我们的时间和力量，或是否会带来更少的痛苦和更多的欢乐。

当然，人们可能会被卷入大灾难或宗教运动、酒神式的放纵和/或狂欢节式的宴饮中，而将自己置身于"历史的天使面前堆放如山的灾难"之外。然而，人们虽然可以通过这类行为暂时逃避历史，但是真正的秘诀在于让它们成为一个人生活的全部。那即是，安排各种事情，从而一心一意地专注于活在当下或永远（无论如何都很难做到的）活在沉醉的状态，别无他事。这常常会造成早死。不过，最终我们所有人都了结于同一个地方。我们所有人终究会逝去。最终，仅有记忆，即关于我们所作所为的记忆留了下来。在这种意义上，再次审视苏格拉底关于"加以审视的生活"的叙述是有意义的。从这种意义上讲，加以审视的生活，包括某些人直面（而不是逃避）历史的方式以及我们谋求被纪念的方式，确实值得一过，原因无它，仅仅因为那是这样一种生活：它至少提供了一种可能性，让我们理解将我们同历史、历史进程联系起来的各种纽带，即使很少人能在不需要某种缓和，如狂欢节、宗教、酒神盛宴的情况下连续不断地反思这些问题。

爱情

尽管与拥抱世界和感官生活的观念相差甚远，我还是希望讨论这样一个话题——爱情，它将我早期人为划分的宗教、拥抱物质世界、美学等逃避历史的方式合并在了一起。就整个人类的经历而言，爱情一直在为对抗历史的恐怖提供强大的支撑。我们应当将爱情看作多姿多彩的经历。性的魅力与浪漫的爱情是不同的，不过，它们是两种相互关联的方式。即便不能让一个人完全置于历史之外，也至少能让他置于一个可以暂时抵消历史的情境。当然，我这里讲的并不是我们的本能冲动或感情和爱情的正常效力。通常，人们想象或假定了两种形式的爱情，一种由性体验组成。在之前对影片《感官世界》的讨论中，我们便看到了这类素材。另外一种形式是我们可以称之为"浪漫"的爱情。两种形式，无论是纯粹的性爱，还是理想化的浪漫爱情，无论它是单独的还是结合在一起的，在其最为崇高的各种表达中，都寻求抹杀自我，寻求营造一种融合。这与神秘主义计划同上帝融合颇为相像。其中的一种形式，即对赤裸裸的性渴求的描绘，在社会中通常会遭到压制或审查，因为它太过危险，太具有颠覆性。另一种形式，即浪漫的爱情，一直贯穿于西方文学中。描述一种形式的爱并不会将另外一种形式排除在外；不过，在西方社会，试图将这两种形式的爱情彼此对立的努力早就存在。

因为十分复杂且需要长篇累牍地进行复杂解释，我们长期秉持着这一观念：物质与精神、思想与身体、身体与灵魂，是不同的实体，通常彼此交锋。在柏拉图那里，我们已经强烈地感知到了那种斗争。在普洛提诺（Plotinus）那里，斗争则变得越发激烈。当然，基督教极大地接纳了"肉身与精神持续交锋"的观念，它假定灵魂是身体的囚房；反之，身体则让我们万劫不复。在基督教兴起的最初几个世纪，解救之道通常是节欲和克制。这些观念的持久影响极为惊人。伏尔泰强有力地将历史描述为"只不过是一个由各种犯罪与不幸构成的画面"，他同样居心叵测地公开指责贞操。1766年，在给马里奥特（Marriott）的信中，他写道："搞笑的是，美德由贞操之陋习构成；那是一种相当古怪的贞操，追求这种贞操将会直接导致男人们犯下俄南（Onan）的罪恶，并导致女孩青春虚度"。伟大的希波的奥古斯丁以同样顽皮的旁白在《忏悔录》中恳请上帝"赐予我贞洁和自制，但不是现在！"

"你爱我仅仅是因为我的身体"，是常常被重复的现代陈述。它的意思是，你从另外一个人那里寻求的是全然不带情感或浪漫成分的肉体满足。这充分抓住了爱情的两种类型，即肉体上的和精神上的这两种爱情。当然，这完全是胡说八道，因为一个人是由他的身体和记忆构成的，而甚少有其他的；不存在分离思想和肉体这样的东西。不过，我们执着于自己的错觉，常常接受的是一个划分了等级的爱情。相比于赤裸裸的肉欲，我们总是将浪漫的或"高尚的"爱情置于更高的位置。我确切地知道自己正在谈论什么，因为在19世纪浪漫小说——包括像歌德（Goethe）的《少年维特的烦恼》(*The Sorrows of Young Werther*)这样的早些年的作品——的滋养下，我也抱有这样的信念，并满怀热情且相当不理智地坚持着。尽管今天我知道：肉体和我们满怀情感地称之为心的东西，是某一种情感的互补成分。但是，再次阅读我在 11 岁到 16 岁读过的大多数书籍，如我现在正在做的一样，我震撼于浪漫幻想的持久力量，震撼于它们塑造我的方式以及我的思考方式。

浪漫而"高尚的"爱情

即便二者在本质上是一样的，将这两种类型的爱情，即肉欲之爱和浪漫爱情，作为不同的范畴加以审视，可能会更容易一些。毕竟，多数人对借助爱情和激情而忘记历史，进行了区分。我将再次从个人的层面对此加以探讨。请容许我再讲一个有关自己的故事。

1978—1989 年，我每年都会写一篇短小的故事。我写这些故事，将它们作为治疗的一种形式，作为远离绝望的平凡生活的一种逃避。在许多方面，这些故事可能达到了以美学方式逃避历史的恐怖的水准，尽管它们显然缺乏文学价值。同样，这些故事也为我提供了充分宣泄自己的浪漫渴求的机会。一如之前指出的那样，这些浪漫的渴求形成于青少年时期，是通过囫囵吞枣地阅读亚历山大·仲马、维克多·雨果、歌德、沃尔特·司各特爵士及其他人的作品而形成的。故事因为年份或我是否准备好写它们而不同。一个有关我父亲去世的故事一直未写成，直至我思潮如涌。相反，在那一年，我写了一个有关古巴人前往机场的略带幽默的故事。我写这些极为短小的故事，通常是一气呵成，不再修改，然后便将它们作为圣诞卡片送给一些朋友。故事通常是用虚构的细节丰富传记。这些故事各不相同，不过，从本质上讲，它们都是关于渴望、欲求及通过爱情而实现救赎等主题。它们是一些讲述我完全迷失时的悲伤与茫然的故事。其中一个故事对我的一生产生了巨大的影响。故事是这样的。

圣芭芭拉节前夜

在1981年圣芭芭拉节前夜，我乘坐火车由巴黎前往威尼斯。我接到邀请在法国演讲论文，尽管我绝不可能拒绝一个访问法国的机会，但邀请来得极不合时。我在纽约的授课学期尚未结束；多亏一位同事的好心，他替我代课，因而我有一个星期的时间完成旅程。讲完论文之后，我在返程前尚有四天自由的时间。怀着一种迫切的浪漫冲动，我决定前往威尼斯。首先，那是一种不理智的行为，当一个人开始承担更大的责任时，当世界开始紧逼他，让他感到重负时，他就会做出这种行为。由于我负担不起从巴黎到威尼斯的机票——那时尚没有易捷航空（Easyjet）和瑞安航空（Ryan Air），我不得不坐火车旅行。我在傍晚8点从里昂火车站出发，次日早晨8点抵达威尼斯。在城中穿行12个小时后，我在晚上8点乘坐火车返回巴黎。我对这一天记忆深刻，因为在我动身之后的数小时中，我的生命进程发生根本改变，因为圣芭芭拉节前的守夜和节日当天，即12月3日和4日，在记忆中一直与神秘而浪漫的事件联系在一起。

许多年前，我还是一名年轻人。在古巴的圣芭芭拉节前夜，我同朋友们在家乡城镇的大街小巷闲逛。在整个城镇和岛屿上，巫师（santeros）、萨泰里阿教（Santería，一种融合非洲人与基督徒的信仰而形成的"调和宗教"）的牧师向所有的来访者敞开大门。那一天，大量的食物和酒水被端出来，羊皮鼓（羊皮在火上拉直绷紧）不停地敲击出让人陶醉的庆典的节拍。缭绕的香烟烟雾、肃穆的音乐、香艳的舞蹈，据信会将奥里克萨、诸神带到人世间。在人世间，他们会进入舞蹈者的身体。不过，我常常看到巫师和其他一些人在庆典中为外星人和邪灵所附身。

在那一天，整个宗教节日围绕受到尊奉的神祇而展开。在巫师庙堂最显眼的地方，矗立的始终是圣芭芭拉——在古老的天主教圣人的行列中，她是炮手的庇护人和雷电女神；不过，她同样也是强悍的、不断变化性别的、黑暗而神秘的"长戈"，一位地位高于非洲-古巴众神的女神。她的塑像被饰以黄金和白银，覆盖着华美的红色织品，面前供奉着各式水果。带着种种疑虑，也带着一丝超然和好奇，甚至还带着一点鄙视，我参加了这些节日庆典。毕竟，我那时还是一位非常虔诚的天主教徒。在那个夜晚，我总是模模糊糊地预感到某种神奇的实现。在14岁之际，在圣芭芭拉节前夜和盛宴最初的几个小时里，我产生了一个生动且几乎真实的幻象。我看见了一张女人的脸，她忧郁而神秘，双唇性感而诱人。在我心中，她就是生命的精华所在，是大自然最原始的生命力。她默默地走来，将我的脸捧入手中，激烈而忘情地吻着我的双唇。后来，她将双手放在我的胸口，说着"你是我的"。在她的亲吻中，我的生命，我的自我逐渐消逝。在整个成年生活中，我常常记起那个梦境般的幻象，并不时告诫自己提防存在本质的失去或消失；不过，我也渴望能把心交出去，渴望着为激情和爱情忘形。许多年来，我一直在寻找和等待着她，她却不曾前来。但是，在圣芭芭拉节前夜，她似乎常常活灵活现地出现在我的脑海中，好像她那与我相似的灵魂正在等待着与我融为一体。

许多年后，在圣芭芭拉节前夜的傍晚时刻，我怀着一种朦胧的期盼等待火车从里昂出发。因为不能买到二等卧铺，我穿行于火车之上，寻找一个无人的隔间。在找到一个之后，我极力摆出一副不爽的神态，以阻止不待见的人相伴。我放好随身携带的几本书、一只手提包、一瓶葡萄酒、面包、冷盘及奶酪，希望进行一次安静的旅行，睡上几个小时，然后抵达神圣的威尼斯。在火车抵达巴黎市郊之时，一名年轻的女子从通道缓慢地走了进来，以几乎不带英语口音的意大利语礼貌地询问是否有位置给她。我丝毫不带勉强地用英语回答说有，隔间相当空，非常欢迎她落座。我帮她把行李放置在头顶的行李架上。她脱下大衣，坐在我的对面。我们进行了一些日常的寒暄，敷衍地介绍着最近遇到的一些旅行者。这时，我得以仔细打量她。她年轻却全然是一名成年女人，皮肤黝黑，双唇动人，身体强壮而灵活。她的双腿、臀、她的整个身体，构成了一幅柔和而优美的画面，让人想起了早已为人们忘记的各种有关美的理念。她讲的英语表明她是一位美国人，但她看起来像地中海地区的人，（犹如）出自数百年前塞法拉德（Sefarad）的梦境。她轻松而毫不做作地微笑着，我立刻想到了拜伦的诗句：

人间万事平心待，
痴心一片仍天真。

哎呀！她确实"犹如在繁星满天、万里无云的夜晚漫步走来的丽人"。几分钟后，她活泼的谈吐与姿态让我顿时感到年轻了好多，我顽皮地咧开嘴笑了笑，经年的忧郁一扫而空。我发现我们的目的地极为相似。她将在梅斯特雷（Mestre）逗留，去看望朋友，然后继续前往威尼斯。当然，我们两人以前都曾去过威尼斯，而且都喜爱这座城市，不过，原因十分不同。进行悠闲的攀谈并不困难。满心希望讨好并赞同（对方）——这常常是友谊开始的标志。我们确实具体指出了共同喜爱的音乐，都曾参与过的事件和阅读过的书籍，都曾参观过并喜爱的地方。不过，除了我们希望互相讨好的愿望之外，便是非同寻常的共同点。我确定我一直就认识她，她犹如一位失散多年的朋友突然被重新发现。火车快速地驶入夜色，小小的隔间里充满着激情，让人感到舒适而宁静。

她几乎以仪式的方式从她的大手提包中拿出一片面包给我。我接受了并讲道，分享面包和食盐的传统将游牧民族维系在一起，（让他们）保持着长久的友谊。像我们两人，在欧洲的铁路上游荡，犹如游牧民族。"我们现在成了朋友"我对她说，"古老的习俗和无法追忆的传统将我们捆绑在一起"。我打开了那瓶葡萄酒，这本是我留待到威尼斯时独自饮用的，我们享用着面包和葡萄酒，啜吸自同一个杯子，取食着同一块面包。因为那天是星期五，我半开玩笑半认真地说，唯一缺少的情境便是，她点燃蜡烛，而我则吟诵《雅歌》（Song of Songs）中的诗句，从而完成安息日傍晚的各种仪式。我补充道，或者我们重现基督之爱（agape）的古老庆典。我立刻为自己的轻率而后悔，怕她可能将其理解为求爱。我没有兴趣在那天晚上的邂逅中向她求爱，也对笨嘴笨舌且令人窘迫地提出未当真的性暗示不感兴趣。我害怕破坏这个非常特别的晚上——这个梦想成真的傍晚——具有的魔力。然而，当我看着她时，她确实让我想起了《雅歌》。我几乎可以听见她在唱"我黝黑却可爱，耶路撒冷之女，一如锡达（Cedar）的帐篷，萨尔玛（Salma）的帷幔"。

我们改变了交谈的语调。她微笑着，得体地避免了任何的误解。她望着我携带的那些书，认出了其中的一些，并询问了一下其他书的情况。那时我正在读福楼拜的《情感教育》（Sentimental Education）。尽管她指出她读过《包法利夫人》（Madame Bovary），却承认不熟悉前一本。

"那本书讲了些什么？它像《包法利夫人》一样精彩吗？"她问道。

"这是一本讲述幻想破灭、爱情消逝的书"，我以极其古板且几乎落伍的伤感方式回答道，这是我通常讲话的方式。"我总是在自己人生的特别时刻阅读这本书，那是初恋的沉醉终结之日，是热情为遗憾和信仰缺失（unbelief）所取代之时。《情感教育》讲的其实是一种不动感情的教育。我一生的大多数时间都是在装作浪漫主义者和理想主义者的样子中度过的，但我两者都不是。曾经爱过，或认为自己曾经身处爱河，做过恋爱中的人们都曾做过的所有傻事，曾经因爱或为爱颤抖过、哭泣过。最终，我却发现只有空虚，只剩下对没走过的道路的遗憾。"

那一刻，她打断了我，抗议并激烈地否定着我的话。她说道，"不可置否，即便是在爱情消逝之后，充满爱的生活，无法忽略也难以忘怀的重生的感觉，都是存在的。"几乎以长者的慈祥的方式对我们的年龄和经历的差别加以强调后，我回答说，对一个如此年轻的人来说，如她那般讲话或许是正确的；但是，所有的爱情终究是要结束的。我解释说，最初的几个星期或几个月的苦涩、快乐很快会为日常的平凡琐事、庸俗而无法长久的事取代。我继续说道："我确实意识到那些特殊时刻的感觉难以为继，我甚至可以接受两个人和睦地生活在一起，相亲相爱，甚至一辈子。但是，从个人的角度讲，我深刻地感受到牵扯进每一段浪漫关系中的欺骗和背叛感。我必须向你坦白，即便是在浓情蜜意之际，尽管我希望对方能全身心投入，但在内心深处我抗拒着融合，并拒绝投降。有一点我无法逾越。对于我同自己宣称所爱的人之间的隔阂，我总是非常敏感。爱情试图让两个人融为一体，然而，在情感的巅峰，疑虑和怀疑一直啃噬着我的心。我发现，我的一部分在满腹疑虑而超然地审视着我自己的行为和言辞。或许，我的内心已经部分地干涸、枯死。或许问题不在于爱情，而在于我本人。注意，我的朋友，请观察和倾听情侣的语言，对于这种语言，我曾使用过并故意将它加以滥用。它充斥着骗人的话语、空洞而毫无意义的承诺。唉！我们都知道，所有人最终都会幡然醒悟。我们逐渐懂得，面对我们的实际行动，言辞一无用处。我认为，那恰恰是莫扎特在《女人心》(*Cosi fan tutti*)中想表达的。只不过，我们很愚笨，我们罔顾真相，对歌剧中的恋人们加以颂扬。"

她同我争论着，眼中充满痛楚和惊讶。"你不可能相信你刚才所说的。你的意思根本不是那样的。没有爱，你怎么可能生存？没有梦想，你如何能存在？你不准这样做"，她强调道。

"我亲爱的"，我回应道，"我这样做已经多年了。我一直拒绝奉献自我，忽视所有那些会引发热恋或爱情的情境，也不谋求冒险。我为人谨慎。爱情的折磨，甚至更糟糕的，目睹或经历爱情终结，构建理想，这些令我的内心太过煎熬、痛苦。我不想再有或体验这样的感受了。我不会再心存侥幸了。我的生活中或许存在冷漠，但其中同样有枯燥乏味而稳定的工作和职责。我不能忍受自己违背自己所讲的话。永远不会有爱，也没有天长地久。或许，对他人有，对我却没有。希望爱情天长地久却无法做到，这是一个诅咒，是我生活中的祸根吗？"

她那美丽的淡棕色的双眼几乎已热泪盈眶。她从自己的座位上站起身来，双手捧着我的脸，伏在我的身上，亲吻着我的双唇。我坐在火车的隔间里，魂魄像被摄去一般。她直抵我的内心深处，消除了一切的抵抗。我迷恋着她的双眼、双唇，毫无抗拒之力，再也不能保持清醒。她取下我的眼镜，轻柔地亲吻着我的眼睛。

"我——爱——你",她轻声说道,"我——爱——你"。

我应声道:"我——也——爱——你"。

我站了起来,面对着她。我们凝视着对方,不愿讲一句话。我们都沉默了。我前所未有地体会到自己口才的不足。我不希望使用前面曾经讲过却言不达意的语句。老天!因为没有言辞能够表达我当时的感受。我闭上了双眼,指尖游走于她裸露的手臂上,她颤抖着。我迷茫了,不知道作何回应,当做什么,或不当做什么,就好像以前的行为模式、以前的生活骤然被抛弃,好像某种全新而完全不同的东西现在正期盼着我。我怕一个错误的动作、一句不合时宜的话让她离我而去。那天晚上,天性让我焕发了新生。于是,我领悟到了什么是确信与平和。她用手指指向自己脖颈处,要我亲吻那里。我照做了。我用舌头轻轻地触碰着她柔软的皮肤。在经历了一生的自控和"自给自足"之后,我感觉到对她的强烈需求和一种将一直伴随着我的相思。这种相思既是一种负担,也是一种快乐。

她用意大利语反复说着:"我爱你!"她停顿了一会,补充说道:"不过,我现在必须离开。我不能同你在一起。我不能留下来。笑一笑,满足于这一刻,珍惜它。记住我今天的样子,记住我今天对你说的一切,记住我确确实实爱你。永远爱我!"我默默地点着头,紧紧盯着她,努力将她整个人永远烙在记忆中。我看着她带着甜美而充满爱意的微笑,拿起自己的袋子离开隔间,再没有任何多余的话。我想到跟她一起走,但我不能。我瘫坐到座位上,将脸伏在双手中,哭了起来。

结局

1982年秋,我写下了这个故事,它是我一年一度写的故事之一。故事交织着各种真实的事情：它将我 14 岁时——记住，几乎半个世纪之前古巴的 14 岁的青少年同今天美国的 14 岁的青少年是不一样的——在古巴圣芭芭拉节前夜产生幻象的真实经历，同前往威尼斯（尽管威尼斯之旅同样是真实的）的火车上的邂逅混在一起。故事写于差不多 30 年前，那时我正经历着严重的个人危机。故事是对长期抱有的梦想的痛苦回忆，是对浪漫而不可救药地渴求爱情的痛苦回忆。不过，故事同时也体现了一种期待，哪怕是短暂地逃避自己生活中繁重而无聊的事。然而，在 1987 年，我梦中的那个神秘女孩的确出现了。她不是出现在梦中，也不是在幻想中，而是在现实中。她一如我五年前描述的那样：淡褐色而柔和的双眼，皮肤黝黑，身体柔软，活力四射，简直就是"锡安山之女"。我同她分享了所有我写的故事，她最喜欢的是前面的那个故事，并给我那异常浪漫的结局写了一个略有不同的结尾。后来，她问我圣芭芭拉节是哪一天，我什么时候开始有那种幻象。当我告诉她时，我们发现，那恰恰是她出生的日子、时间和年份。这是如此怪诞的一个巧合，即人们有时所谓的命运。让事情变得更加复杂的是，她的名字叫"斯嘉丽"（Scarlett），意指红色。那是"长戈"，即非洲神祇"奥里克萨"的颜色，而它的宗教节日便是在 12 月 4 日。尽管我十分怀疑诸如浪漫和巧合这样的事，但在二十多年后，我们仍然生活在一起，并且都浪漫地确信：我们生活在一起，是由某种不可阻挡的历史力量决定的。

逃避的爱情

当然，爱情是从文化角度建构的。几乎没有迹象表明，我们在中世纪和 19 世纪所描述与体验的浪漫爱情，或如我今天在前面半虚构的回忆录中所讲的那些，在古代也存在。如我们所见，柏拉图对爱情的疯狂、不理智和躁动加以拒斥。在他最为感人的对话集之一《会饮篇》（*Symposium*）中，柏拉图就对爱情的各种不同表现进行过描述。不过，柏拉图主张通过拥抱善与美的理想形态而获得爱情，并将它作为理智的人们的唯一选择。奥维德（Ovid）在《爱的补救》（*Remedies of Love*）中建议以通奸解决热恋。任何带有理想化爱情的东西都将被看作软弱的一种形式而遭到根除，而激情四射地交媾则是另一种选择。

到了12世纪，游吟诗人的诗歌和虚构的宫廷恋情为浪漫关系创造了空间，成为情感理想化的一种文学形式。各种宫廷式理念在本质上具有颠覆性，是对封建社会各种制度和价值不加掩饰的一种抨击。一如之前在戈特弗里德·冯·斯特拉斯堡的《特里斯坦》中指出的那样，那对恋人在荒野中，在偏僻的水晶洞穴中寻求避难。这是想象中取代教堂之法。救赎和拯救将在这样的爱情中找到。这种情感并不仅仅是遥不可及的禁欲式爱情和无法实现的爱，而是身心的完全融合。这种完全的融合，远胜于为了上帝的爱而神秘地放弃世俗之爱。它将恋人置于正常的社会边界之外。宫廷之恋通常是私通苟且的事情，这为削弱传统的社会观念增加了让人更易接受的震撼。这种背叛常常以牺牲深受爱戴的导师、领主或叔父为代价（如《特里斯坦》的情形），违背忠诚、宗教、荣誉、亲情和友谊，这进一步增加了它的颠覆特性。于是，特里斯坦和伊索尔德各自背叛了他们的叔父或丈夫马克；桂妮维亚（Guinevere）抛弃了她正直而谦和的丈夫，将自己完全交给了亚瑟（Arthur）的属臣兰斯洛特（Lancelot）。在12世纪和21世纪，这样的例子在虚构的文学作品和历史中不胜枚举。在爱情和欲望之下，夫妻们至少暂时抛弃了日常生活的规则。即便他们的身体没有移动,但事实上他们已偏离正常状态。如同埃尔维拉·马迪根一样(Elvira Madigan,见下文和第四章),即便为时短暂。像特里斯坦同伊索尔德以及桂妮维亚同兰斯洛特的情形一样,他们逃离众人,找到一个仅容纳了两位恋人的世界——如同神秘主义者同神格(godhead)的关系一般,并融为一体。在这一融合中,历史停止了,时间停滞了。永恒的敌人被征服了,不管那是多么地短暂。

大自然,通常是幽深而人迹罕至的森林,还有荒野,为恋人们提供了一个逃避的地方,即便他们的爱意最终得不到回报。在克雷蒂安·德·特罗亚(Chrétien de Troyes)脍炙人口的故事"狮子骑士"(The Knight with the Lion)中,男主角伊万(Yvain)沉浸于失去爱情的悲痛中,他短暂地融入狂野的大自然,抛弃了自己的人性而进入另外一个世界。维克多·雨果的《海上劳工》(The Toiler of the Sea)是在我青少年时期对我影响至深的浪漫小说之一。其中,小说的主人公吉里亚特(Gilliatt)为证明自己对戴吕施特(Deruchette)坚定的爱意,经历了各种冷酷无情的考验。尽管吉里亚特为她和她的叔父做出了巨大的牺牲,戴吕施特还是和别人一起离开了。当此之际,绝望的失恋者坐在一块礁石上,看着船只载着她和她的丈夫离自己而去。潮水慢慢地涨过他的身体,将他淹没。吉里亚特的自杀,这种我们拒斥世界本来面目的加缪式的最后叙述,在小说与现实中都极为普遍。不妨再想一想哥特的《少年维特的烦恼》。

我清楚地记得一部瑞典非主流电影,它让人难以忘怀,因为莫扎特美妙的音乐让它显得生动活泼。电影的名字叫《埃尔维拉·马迪根》(*Elvira Madigan*)[①]。在下一章，我会再次详细讨论这部影片。尽管四十多年前我便看过这部影片，但它仍然在我的脑海里回响。这是一个古老而经过检验的故事。两位年轻的恋人抛弃了各自的家庭，逃进夏日的树林。在那里，他们营造了一个乌托邦式的爱的世界，像财产和文明出现并让问题变得复杂前的男人们和女人们一样，打猎、采集水果。他们与特里斯坦和伊索尔德或是《感官世界》中的主人公没有什么不同。他们多情的世界中没有了历史、家庭或工作的侵扰。然后，随着冬日的到来，这个世界开始分崩离析。在必须返回现实世界的需求的逼迫下，他们转而选择自相残杀。因为，死亡比放弃他们浪漫的存在更可取。小说再次赋予生活以活力。不过，所有的这些例子为我们讲述了这样一种方式：爱情，即浪漫与情欲的融合，成为消除时间和历史的一种有力方式，即使只是短暂的。

浪漫的爱情，就本质而言，至少两个或三个个体会卷入其中。群体性爱情，当其在19世纪美国的乌托邦社群中，或是在16世纪德意志的千禧年试验中，抑或是在20世纪60年代的群体爱情运动中，都被证明是难以组织的。我们保留并试图占有我们所爱之人的丑陋本性，阻止了爱情的"自由流动"。与其试图描绘这样的丑陋一面，还不如从身体的角度探讨它们，这或许更为有用。

激情和性是对历史和自我的逃避

我们不需要弗洛伊德便可以识别出性和身体在历史中及在

[①] 《埃尔维拉·马迪根》，又译作《今生今世》《鸳鸯恋》。——译者

逃避历史的进程中扮演的角色。从古到今，人类常常在身体的快乐中迷失自我。尼采曾出神入化般地描述狄俄尼索斯式的影响力（Dionysian pull），它的影响力并不限于古典世界；在我们自己的狂欢作乐中，仍属常见。再次引用柏拉图的话来说，沉醉和"纵情声色的疯狂"不仅有助于缓解日常生活的种种痛苦，最为重要的是，还有助于忘掉自我及它的历史蕴含。性快乐和身体的满足，在通常的社会组织规范之外提供了建构一个人生活的另一种途径。

各种乌托邦和反乌托邦的构想弥漫于西方思想中。它们直言不讳地利用煽情，甚至是性，将其作为治疗世上各种不公和残酷行为的万灵药。在某些特定的事例中，其用意在于完全消除历史的恐怖。在两部相当有影响力的当代作品中，性都发挥着独特的作用。不过，这两部作品的写作风格完全不同：一部嬉笑怒骂，一部用语辛辣。阿道司·赫胥黎（Aldous Huxley）讽喻巧妙的《美丽新世界》（*Brave New World*）设想了一个社会，其中，条件预设（conditioning）、生物选择以及对身体快乐无限制的追求，为我们如何能够在快乐的同时终结历史的变迁提供了答案。尽管存在着被限制在岛屿上的社会和思想文化的"不适者"、被隔绝在未开化的保留地中的"野蛮人"，以及无所不知的控制者，但他们是例外。这是一个沉溺于消费、身体快乐并且容易获取毒品（还有各种带来快乐的生物制品）的社会，它抹去了历史及长期以来历史强加于人类的所有辛劳。如果所有的男人（和女人）从本性上讲都渴望幸福，一如很久以前亚里士多德的主张那样，那么《美丽新世界》中发现的那些光怪陆离的安排便为持续困扰着人类的难题，即为多数人获取幸福提供了一种可能的解决方案。因为在《美丽新世界》中，所有的人，除野蛮人、不适者等典型的例外之外，都是幸福的。尽管这听起来可能有点恐怖。更为重要的是，在这本书从一开始就被界定为"废话"的历史。没有变化，也没有历史。生活便是永恒的当下。

在这样一个世界里，人人为我，我为人人，一丝极为细微的沮丧也迅速得到适当剂量的"唆麻"（Soma）的"医治"；过去与将来，历史的种种重负，统统被清扫进没完没了、生生不息的当下。推动历史的各种制度——国家、家庭、不平等、财产等——常常会带来可怕的后果。（在这里，）日常的体育活动、鱼水之欢及毒品所带来的快乐取代了各种制度。宗教和政权之于人类的所有限制被彻底推翻，人们可以过度享乐、过度性爱、过度吸毒——这些要么让我们万劫不复，要么至少削弱了政权力量。从《旧约》里的先知到基督教的布道者，再到21世纪美国保守派政治家，这些权威人士曾一直嘱咐我们，决不准放纵身体的欲望。一如皮科·德拉·米兰多拉（Pico della Mirandola）在《论人的尊严》（Oration on the Dignity of Man）中主张的那样，那样做，我们就无异于禽兽。但是，佛罗伦萨的市民选择了简单而令人感兴趣的事，他们借助于荒淫放荡这种的陈旧方式对瘟疫的侵袭进行了回应。

恐怕我们所有人都深受宗教、伦理、浪漫的爱情理念等的制约，甚至赫胥黎口是心非的提议也不能从根本上影响人们受其制约，尽管这种提议发挥着警示作用，我们要比想象中更接近于生活在一个像《美丽新世界》描绘的社会里。不过，再说一下，如果人主要的目标是快乐，或如弗洛伊德主张的那样，快乐最强烈而最持久的形式是感官快乐的话，那么，我们就必须停顿一分钟，并严肃地对待赫胥黎的构想。

夏尔·傅立叶①（Charles Fourier）、雷蒂夫·德·拉布勒托纳（Restif de la Bretonne）——半自传性的色情书籍《反查士丁尼》（*The Anti-Justine*）的作者——等有影响力的空想家提议：（让）成群结队的专业寻乐师治愈那些遭到恋人遗弃的人。雷蒂夫·德·拉布勒托纳将性回报构想为提高19世纪欧洲新兴工厂中生产效率和强化社会束缚的方式。赫胥黎（描绘的）种种私通的形为，脱离了所有的道德制约和浪漫的占有关系，在我看来这似乎是对历史的恐怖极为原始却颇为高明的回应。如果这里容许我讲一点题外话的话，一如你们在前面看到的一样，秉持公共道德的保守者谴责性关系的愉悦，特别是同性关系的肉体愉悦只不过是他对自己无法压制的性取向的一种掩饰。我不可能也绝不会逃避自己天生的浪漫。在许多方面，性是历史中最具颠覆性的力量之一，它始终破坏着秩序、礼制和其他诸如此类的规范。如果像弗洛伊德主张的那样，文明是我们对本能冲动的报复，那尽管我们的种种欲望可能是非历史性的，我们也通过付出患神经衰弱症和不满等可怕的代价而将它们加以升华。于是，似乎我们要么完全屈服于自己的激情，并过上一种近似于人类堕落前的那种理想生活，要么我们就生活在历史之中，并因此而痛苦。一如迪伦（鲍勃·迪伦，Bob Dylan）在（20世纪）60年代所唱的那样，"伊甸园之门的那一边，没有了罪恶"。在那充满各种俗世快乐的想象的花园中，最终没有了任何耶罗尼米斯·博斯（Hieronymus Bosch）描绘的那些惩罚。

---

① 夏尔·傅立叶，1772—1837年，法国哲学家、思想家、经济学家、空想社会主义者。——译者

20世纪另外一部伟大的反乌托邦作品当然是乔治·奥威尔的《一九八四》。这部具有毁灭性和先见之明的著作以一种异乎寻常的方式对性加以展示。我已提到过这本书，并提到过穷人在它的叙述结构中占据的位置。在这个灰色而沉闷的世界里，两位主角，温斯顿·史密斯和茱莉亚通过交媾，逃离了"老大哥"僵硬的统治以及对过往频繁的操纵，毕竟历史就是这样，即持续重塑易变的过往。那不是"做爱"而是发生性关系，虽然温斯顿和朱莉娅两人最终对彼此十分温柔。温斯顿询问茱莉亚是否曾与其他同伴发生过性关系，她给予了肯定的回答，并补充说，她同许多人都有过这样的绯闻。当此之际，温斯顿兴奋起来。（性）越多就越快乐，因为性腐蚀并削弱了社会的结构，因而含蓄地腐蚀和削弱了历史。正是借助于温斯顿的性生活，无论是在他同一名妓女有违道德且从本质上讲是恶心的交往中，还是他同茱莉亚的长期私通中，他用身体阐明了一种思想出轨和抵制国家的生活。非常奇怪的是，奥威尔却在他感人的《向加泰罗尼亚致敬》（*Homage to Catalonia*）中，简略地勾勒了一个平均主义的乌托邦乐园。深陷一场愚蠢而血腥的战争，奥威尔对平等意识、真正的社会主义进行了反思。这样的社会没有上司，无差别，也没有无政府主义者中或在"韦斯卡防线"（Huesca front）上马克思主义统一联盟（P.O.U.M）的民兵中发现的那种等级结构。须同《一九八四》的恐怖放在一起的，是《向加泰罗尼亚致敬》中那短暂而微弱的希望之光以及废除所有那些历史重负——阶级战争、不平等及导致不公正和苦难的事——的那种可能性。

在赫胥黎和奥威尔之前，当然还有萨德侯爵。在他的多数作品中（最具分量的是他的令人毛骨悚然的《索多玛120天》），德·萨德向读者呈现了一个充斥着虚幻且暴力的性行为的反乌托邦。一如西蒙娜·德·波伏娃在该书的导读中所写的那样,"萨德让色情成为他全部存在的意义和表达"。[①] 一如我们从他的生活细节中了解到的那样,再次引用德·波伏娃的话来说,他的性癖好并不仅仅是从文学上构想出来的体验,而是他生活模式的组成部分。也就是说,尽管德·萨德并没有真正接近其文学描述的那种严酷程度,但在现实生活中,他确实在竭力实现他的狂想。

在《索多玛120天》中,德·萨德书中的四位"放荡不羁者"(在18世纪后期,这是一个具有双重含义的词,一是指性放纵,一是指哲学上的异见者)把一群男男女女的卖淫者、皮条客、年老的说书人、孩童及其他人聚集在一座与世隔绝的城堡里。在那里,各式各样的残忍行为及有违人伦的性行为被施加在逆来顺受的受害者身上,而鸡奸、食粪癖和令人发指的折磨,仅仅是复杂的性虐待和肉体虐待仪式中的高(低)潮而已。德·萨德的著作冷酷地复述了人类最终可能向他人施加的残忍行为,它虽有点危言耸听并让人厌恶,却为作家和他的读者提供了一种不同的理解世界与历史的方式。毕竟,德·萨德深陷于他那个世界:(他)卷入18世纪晚期法国的革命动乱中,成为巴士底狱的一名囚徒;拿破仑统治时期被关进沙伦顿(Charenton)疯人院。在人生的逆境中,他进行着创作。人们或许会辩称,赫胥黎、奥威尔和德·萨德写作的目的是逃避世界,即,一如薄伽丘所为,他们寻求美学上的逃避,而不是真正地拥抱物质世界。如前面指出的那样,尽管德·萨德在个人生活中从来没有达到他在写作中所描述的那种极端放纵,但他试图在不触犯法律的情况下

[①] The Marquis de Sade, *The 120 Days of Sodom and Other Writings*, intro. Simone de Beauvoir and Pierre Klossowski, Grove Press, 1966, p. 19.

为所欲为。从肉身中，从肉身痛楚、堕落及最终被带至其合乎逻辑的归宿——身体放纵而产生的性解构，即肢解和死亡——中，德·萨德和其他人找到了一种逃避世界与历史的方式。

从许多方面讲，德·萨德的生平和著述同无数西方的乌托邦和反乌托邦作品形成鲜明对照。在那里，性以这样或那样的方式处于各种逃避或重塑历史的复杂方式的中心。19世纪晚期的美国见证了乌托邦社会群体的扩散。这些并不是当时最伟大的畅销书之一爱德华·贝拉米（Edward Bellamy）的《回溯过去：2000—1887》（*Looking Backward: 2000—1887*）及其他畅销书上文学或哲学的讨论对象，而是真实存在的社群。从思想层面讲，它们全部可追溯到柏拉图的理想国。后者同德·萨德快乐与痛楚的肉体世界不同，是一种经过周密思考的想法，试图消灭家庭和财产这两种历史变迁的主要动力或机制。《理想国》的目标，不仅在于崇尚理性的生活，还在于中断变化，终结作为争斗之源的无休止的权力移交。群婚，一种受到严格控制和描述的"人人为我，我为人人"的状态，并不是为了快乐，而是为了繁衍后代、削弱家族的雄心和贪婪。当然，这里需要注意的是性行为发挥的作用。在所有这些历史之外的社会构想中，性行为是最为重要和令人动情的。

性行为也会产生消极影响。禁欲主义的独身是最强有力的表现，它处于焦急等待历史与世界终结的早期基督教社群的核心。19世纪，在围绕对性的否定或体验（无论是拒斥肉体还是拥抱肉体）因而置身于惯常的制度与历史的束缚之外的美国实验性社会中，性发挥了重要作用。震颤派（Shakers）是一个非常信奉基督教的群体，他们拒绝任何形式的性，并生活在集体的环境中，以此作为救赎的一种方式。然而，最为有趣的实验是19世纪中期纽约州中部奥奈达社区（Oneida Society）的实验。这个社区由约翰·汉弗莱·诺伊斯（John Humphrey Noyes）在1847年创建，原则上是一个千禧年式的群体，但它也是一个肯定在这个世界上存在完美、没有罪恶的可能性的社区。

奥奈达的市民从柏拉图、莫尔及19世纪初整个科学乌托邦传统中借用了有关性和财产的空想理念，将所有的财产置为公有，并拥有复杂的性关系。其中，男性嫁给女性。由于性行为时人们不希望男人们射精，因此，频繁的性交处于社会的中心。绝经后的老年妇女对年轻男子进行性愉悦及技巧的引导。由于奥奈达社群相当繁荣，人们便可以理解为何外部世界不能容忍社群成员异乎寻常的性行为和家庭安排。到1881年，在诺伊斯为逃避被起诉而离开这个国家两年后，社区解散了。

这篇有关曾经被广泛效仿的奥奈达实验的简短描述指出了身体、身体的愉悦在逃避历史中所发挥的作用。20世纪60年代生活的核心是追求解放的感觉，美国中产阶级的性禁忌和限制被推翻；此外，借助愉悦，人们同样推翻了既定的秩序。当然，这里我就性一直在讨论的内容，同样适用于吃、喝及其他形式的感官满足。这些感觉在我们日常生活中不可或缺。然而，当它们成为个体和群体看待自己在这个世界中的位置的关键时，我们便踏上了一条不归路，并拒绝接受我们作为历史介质的角色。在欢宴、迷醉、拉伯雷式的宴会及性事中，人们逃离了瘟疫、战争、家庭责任等负担。在这里，如果不指出约三千年前的"宗教"和"文明"对西方的性所产生的影响，我们便不应结束讨论。在《吉尔伽美什史诗》这部最有可能是人类最早的文学作品中，诸神创造了野人恩奇都（Enkidu），他对抗吉尔伽美什，但随后转变成他忠实的朋友。在他活力四射地同一位庙娼进行了整整一个星期的性行为后，成为了"人"。史诗中该词具有"开化"之意。一度让我们开化的行为，现在却成为逃避文明的一种形式。

在城市陷入疾病和毁灭时,那些拥抱物质世界和快乐的佛罗伦萨市民,做了一些其他男人和女人在时间长河中一直做的事情。对他们而言,拥抱物质世界胜过与神格融合,也胜过信仰宗教,几乎总是令人更快乐。

第四章　美与知识的魅力

在阴郁却不失辛辣的小说《加沙盲人》(*Eyeless in Gaza*, 1936)中，阿道司·赫胥黎成功地使用了一些刻薄的评论和绝妙的旁白，那正是他的众多作品中出彩的地方。出乎意料的是，在故事情节之中，赫胥黎对学者的生活提出了尖刻的批评。在该书刊印的版本中，他的复杂的叙述半是幽默半是悲情，虽然这样的穿插仅占了一页半的篇幅，但这是它在思想文化上的影响所在，是它对该问题无可挑剔的剖析。不妨以此作为本章的开始。对一句学术陈述"在我的便笺上花四个小时，异常愉悦"加以注解，赫胥黎继续对一种司空见惯的抵制历史责任的方式——即借助学术与避世——进行揭露。或者，如果我可以迁就一下使用一句恰当的讽刺的话，那我也会满足于写这本书付出的努力。僧侣的生活或禁欲的生活，至少在理论上是不考虑身体愉悦的，尽管它们对人类幸福十分重要，至少赫胥黎是这样认为的。拒斥世界可能会得到一些慰藉，会得到来生在天堂的报赏，但那种允诺的因而延迟的精神愉悦是以感官剥夺的沉重代价而实现的。

赫胥黎告诉我们，通过身体的放纵和物质的占有（第三章的主题）来拥抱物质世界，在本质上仍是不能令人满意的。在不严重伤及健康的情况下，我们能吃多少、喝多少是有限度的。

长期或持续迷醉的状态给身体和心理带来的后果是实实在在的。事实上，后果是严重的。做爱也是如此；只有在不断拒绝和不断满足中，它才能使人感到十足的快乐。至于占有的物品，一个贪得无厌的人永远不会有足够的钱财来确保他的幸福。一个人需要获取多少画作或书籍，才不会奢求那些他不曾拥有过的呢？或者才会用尽空间展示他的画呢？顺便说一句，后面一种情况正是我本人遇到的困境。

针对这些实现幸福和消除痛苦的死胡同般的路径，赫胥黎，一如我们见他在《美丽新世界》一书中所描述的那样，以嘲弄的笔调描述了学者——一个在他/她的研究和写作中创造意义并发现意义的人——的生活。因此，赫胥黎充满讽刺意味的话——"在我的便笺上花四个小时，异常愉悦"，是治疗各种焦虑的万灵药。这些焦虑存在于日常生活以及我们作为历史介质的个体或集体角色中。不同于僧侣、饕餮之徒、耽于女色者，或是终日醉醺醺的人，学者可以鱼与熊掌兼而得之。他（她）既可以拥有从智力劳动中获得的美学逃避——尽管我必须承认体力劳动同样有效，也可以从"自己正在增进知识"的信念中获得满足。所有的这些满足并不需要在适当的时候放弃过性生活或喝点烈酒，甚至不需要放弃偶尔寻欢作乐。我们可以做学术研究并过性生活。此外，在学术或美学追求联系在一起的美好事物及强烈的意蕴的掩饰下，我们可以拥有修道院中的所有快乐，无须放弃肉体的快乐，或畅饮、大快朵颐带来的快乐。

当然，赫胥黎在嘲弄学者。他这样做也无可厚非。在他满含嘲讽或戏谑的旁白之下，是阴影之所在。对此，我在这一章及此前的章节中，试图以更多的篇幅和更通俗的形式进行概括。最后，不管我们选择的是从事学术或艺术创作的"高端路线"——赫胥黎以嘲弄的语气将我们称作"高品质生活者"

（high lifer），还是肉体沉醉的所谓的"低端路线"，抑或服从于神格的所谓更高端的路线，追求的核心是一种没有得到回应的渴求，即摆脱将我们同历史联系在一起的无形链条的渴求。我脑海中出现的是整个人类作为阿特柔斯（Atreus）的形象，他被绑在岩石之上，而猛禽——历史和时间——则不断地吞噬着他的内脏。那便是阿特柔斯冒犯诸神而受到的惩罚。我认为，那并不是一幅美好的图景，也不是一幅充满希望的图景，但是，我担心它是对事物本来面貌的一种准确反映。

正如我们在《十日谈》中所见，薄伽丘详细描述了1348年席卷佛罗伦萨的恐慌及市民的不同反应——要么是宗教逃避，要么是物质上的逃避——之后，给我们讲述了一些辛辣的故事，从而延续了开场白中的那种阴郁风格。他笔下的主人公们逃离了城市和城市中的种种麻烦。在一个远离瘟疫、与世隔绝的地方，他们彼此打趣，讲述或倾听着充满低级趣味却令人开心的故事。除了在一个关键问题上的不同外，这本书与萨德侯爵那本令人毛骨悚然的《索多玛120天》没有什么不同。叙述者薄伽丘通过美化这一经历，来面对14世纪中期佛罗伦萨的那种恐惧感。与赫胥黎想象中的学者没有什么不同，他花了四个小时在笔记上。他写作，试图通过创造美好的东西，来理解这一恐惧感，或对它加以否定。

在《吉尔伽美什史诗》现存的、最富洞见的部分章节中，同名的主人公吉尔伽美什在他的同伴恩奇都去世后，意识到自己同样会死，因而备受煎熬。恩奇都最终接受了自己必死的命运。在为自己的降世悲愤了一段时间后，他在自己曾经体验的文明的好处中找到了补偿，因而心安理得。吉尔伽美什拒绝接受死亡，踏上了寻找永生的漫漫旅程。他未能实现自己的目标。在史诗的结尾，这位英雄站在他的城市——乌鲁克（Uruk）的大门口，看到青金石纪念碑的碑文上记载着他的种种英雄事迹和成就。于是，在记忆中，他心安理得地接受了不可避免的死亡。我们集体历史中的第一部文学作品，首先探讨了人类对时间流逝的意识，也探讨了我们无力逃避死亡的问题，这是多么地不寻常！尽管一如吉尔伽美什所为，我们仍然试图逃避时间和死亡，但在整个人类存在的历程中，我们对这些问题的洞见始终如一。

在探讨这些主题的众多文学作品中，当阅读到薄伽丘的著作和《吉尔伽美什史诗》的时候，我对人类在面对灾难——最大的个人灾难就是时间的流逝——时反应的强烈、多样性以及我们在有限的范围内讲述这些反应的方式，时刻保持着敬畏。这些反应常常以层级秩序的形式呈现出来。我这样讲的意思是：那些拥有写作能力的人——也有明显的例外，萨德就是其中之一——将他们本人的体验，即心中的体验，置于他们的感官体验之上。在许多方面，这与弗洛伊德将"文明"定义为"人们本能的、具有破坏性的内核的持续升华"形成共鸣。然而，正如前一章指出的那样，文明进程可能与我们追求愉悦的根本动力背道而驰。就本质而言，它是幸福的障碍。也就是说，如果说我们沉溺于肉体快乐时最为愉快，那么，在我们创造艺术作品或撰写历史的时候，我们就是在忽略真正的快乐和真正的幸福，转而支持各种替代感官愉悦的文化建构物。然而，这里我们有一群精英：哲学家、艺术家、审美学家以及其他此种类型的"高端人士"。他们借助自己的作品和著述告诉我们，他们找到了通向真理（无论那是什么），有时甚至是通往幸福的道路。这些富有创造性的人们甚至能够克服最可怕的灾难和最残酷的历史事件。对我们眼中的世界——再次借用布鲁斯·达菲令人印象深刻的第一部小说《我眼中的世界》（1987）的标题——进行美化的冲动，是一种将可怕事物转变为美好事物（"维特根斯坦"和达菲都是如此）的非凡之举，它借助艺术改变了历史的恐怖[①]。

在整个历史进程中，我们被再三告知：伟大的艺术、富有洞见的小说、感人的音乐，通常都源于艺术家自身的痛苦经历。当然，这种老生常谈并不完全真实，但是，这些备受煎熬的人将自己的焦虑转化为艺术形式的例子不胜枚举，足以让我们对这一论断呈现的事实真相进行深思。我确实希望，我们能够列举出一些所谓身处幸福却依然能够绘画、创作或写出佳作的人，但是巨人，像尼采所描述的"超人"，常常是一些生活在通常的社会规范甚至是历史规范之外的男人或女人。

安德烈·施瓦兹-巴特（Andre Schwartz-Bart）是一位法国籍犹太作家，他的父母被驱逐到奥斯维辛。在《最后的公正》（The Last of the Just, 1959）这本感人的书中，他直面了西方历史上最令人震惊的事件之一——大屠杀。尽管施瓦兹-巴特在书的结尾拒绝用上帝来解释这些可怕的行为，甚至否认上帝的存在，但他通过将这场浩劫处理成艺术的形式来正视它。这是一个虚构的故事，讲述了几个正直的人，他们的正直行为、对上帝的爱以及他们的痛苦，让世界存活了下来，施瓦兹-巴特讲述了一个沉重的故事，一个将责任从上帝转移到人类的故事。他并不是唯一一个这样做的人。其他一些人曾试图通过文学再现、学术或艺术以及就屠杀的性质展开的激烈辩论的艺术和学术贡献，来探讨大屠杀中的各种恐怖事件。一些人（数量似乎

[①] 布鲁斯·M.达菲的小说《我眼中的世界》（Bruce M. Duffy, The World as I Found It, Ticknor and Fields, 1987）虚构了路德维希·维特根斯坦的人生。这是一个非常好的例子，例证了哲学和艺术是使一个人（维特根斯坦）得以应对自己麻烦不断的人生的方式；与此同时，达菲通过虚构的描述，让历史的灾难和时间的流逝变得可以理解。

正在减少）将大屠杀视为人类漫长而麻烦不断的历史中脱离历史的史无前例的时刻。其他人却令人信服地主张：对数百万犹太人、罗姆人、东欧人、残障人士和其他边缘民族实施的有计划有步骤的灭绝行为，仅仅是不时打断人类历史的大屠杀及种族灭绝事件中的又一篇章而已。在某种程度上，大屠杀中的恐怖事件不断在柬埔寨、波斯尼亚、达尔富尔及其他地区重演，尽管事件的规模和目的各不相同。因此，历史学家和学者试图追溯大屠杀的历史根源，调查西方历史中迫害、反犹太主义及寻找替罪羊等恐怖事件的古老历史，试图为仍处于人类漫长而动荡的历史至低点的那些事件做出解释。

　　我关心的是艺术。在为此类灾难提供美学答案的过程中——部分作家不仅对纳粹大屠杀，而且对亚美尼亚、柬埔寨、卢旺达的种族灭绝及其他的屠杀事件加以记录和美化——小说家、雕刻家、电影制作人试图从事某些有时候看起来矛盾的事业。借助不同的艺术或学术方式来讲述故事，他们坚持不懈地尝试着记录这些不人道的非凡举动，并把它们看作人类历史上的行为。当然，也有这样的情况：将恐怖事件转化为艺术，却产生了极为低劣的艺术；（对恐怖）加以利用，也就是为了经济上的收益而将恐怖转化为艺术，也并不罕见。但是，就其最好的效果而言，将人类历史上的黑暗事件撰写成文学作品、绘成图画或制作成电影能够为人们提供救赎。

　　如果我们不探讨这些史无前例的人类灾难和恐怖的历史事件，转而考察个体生活和日常生活，我们便会察觉到通常以自我为中心而给出的回应。这完全是个人层面的，不需要世人的关注；除了表达自己的苦恼、失望、愤怒和挫折之外，别无目的。因工作限制而匿名写作的卡夫卡、对周围的世界充满极大敌意的塞利纳（Céline），以及其他一些作家，他们提供了无数有创造性思维或思想饱受煎熬的人的事例，他们创作出了艺术或类似于艺术的东西，并将它们作为治疗的一种形式；更为重要的是，将它们作为抵制个人生活的现存形式或历史环境的形式。尽管卡夫卡和塞利纳写作的视角是他们对历史事件的个人体验，但他们的艺术作品不仅使得他们对这些事件做出回应，而且还让他们得以逃离。

正如我之前提到的，在1979年至1989年我人生最暗淡的时期，我在治疗专家的建议下，试图每年写一篇极为短小的故事。对于要写的内容，我通常要构想好几个月。之后，在12月初的某天，我会写上5—10页的内容，常常是我个人的痛苦经历。我从不修改这些故事，且仅同少数极为亲近的朋友分享。这些故事涉及我的生活和某些渴望。其中的两篇，也是最富有感情色彩的，在之前的章节中已经写过了。通常，我无法写自己想要写的，因为我希望传达的经验仍是非常不成熟的和痛苦的。如我前面指出的那样，我试图讲述我父亲去世的细节和经历，这件事就属于这种情况。即便在他去世20年之后，我仍难以下笔，我甚至两度以一篇半幽默的讽刺短文来替代我最初想要讲述的故事。直到有一天，我不假思索地脱口而出这个故事。在很多方面，如果说我经受住了那些年的心理煎熬，那么部分是得益于我通过写作和学术研究来消除焦虑的能力。也就是说，我通过"在我的笔记上花四个小时"，而得以摆脱。

不幸的是，就天赋而言，我不如弗朗兹·卡夫卡；非常幸运的是，就我的政治倾向而言，我想我不是路易·费迪南·塞利纳。我既无他们的天赋，也无他们的权谋。只因为有了文学世界中或耀眼或暗淡的灯火（的指引），创造之艺术，或一如本章开头所指出的学术，让那些参与这一进程中的人们暂时逃脱历史的掌控，即便他们是被历史本身推进他们的艺术中的。这样做的话，艺术家或学者就能够创造出一个内心世界。你面前的这些内容便是出于这个缘由，虽然它们可能显得粗浅。

艺术家和文化创造者通常不会为他（她）们自己写作或创作艺术，他（她）对一个主题或艺术主题的热情参与，代表着他试图达到超越自我的境界，试图将读者、听众或观众带入一个富有洞察力、充满美好，甚至是痛苦的社会。尽管我们并不总是能充分领会和理解艺术家想要传达的意思，但在我看来，所有艺术作品的目的都是为了传达一些东西，而这些东西以它们的强烈、美、恐惧或特定的主题触动、感染和改变观察者。其方式有点类似于艺术在诞生时改变其创作者的那种方式。我想，这就是伟大的艺术在时间长河中所做并会继续做下去的。在他（她）的作品中，艺术家抹去了时间和死亡，生活在超越他生命正常范畴的境界中。当我给学生展示一件艺术作品或放一部电影时，或者当我要求他们阅读一篇特定的文章时，我常常告诉他们，即便艺术家们已去世好几个世纪，他们今天同撰写、绘制和创作这些作品时一样，仍然活着。当然，我的意思是：借助于他们的作品所引发的美学回应，他们活在了我和其他人的心中。

艺术能在多大程度上触动我们，是一个无需过多解释的常识问题。所有有过阅读经历的人都会有关于小说的记忆，这些小说唤醒了你对事物的理解，让你们认识到世界存在的新方式和新体验。你们都知道这种经历，即：你读到一些东西，它证实了你一直就懂得的一些道理，但你不能像你刚读到的天才作家那般，将它清晰而有力地表达出来。同样，音乐能够让我们释放自我，不仅是情感和感官上的释放，如前一章提及的狂喜的体验，还使人们超越理性，拥有希望。林恩·亨特（Lynn Hunt）是一位伟大的法国历史学家；对我来说非常幸运的是，她是我的同事和朋友。最近，她提出：西方人权的出现与18世纪书信体小说的阅读有直接联系。小说让读者得以了解主观性，得以理解别人也如我们一样。那种从艺术和文学中获得的主观性，正是走进历史和走出历史的途径。

我能以一种奇特而又难忘的方式追溯自己结束青春期的那一刻。尽管坦率地讲，我确信我的许多同事和朋友都会认为，我从来就没有真正结束青春期。结束青春期的那一刻是一种美学体验，那一刻也是一种强烈的情感体验，出现在我观看弗朗索瓦·特吕弗（Francois Truffaut）年轻时拍摄的新浪潮电影《四百击》（Les quatre cents coups, 1959）的时候。那时我还是一名少年，刚刚16岁。事实上，这部电影并没有令我产生共鸣，却在我的余生中留下了深刻印象。或许是因电影的经典结局：少年逃离了管教所（他被冷漠且红杏出墙的母亲安置了那里），他第一次看见了大海——我们最初的母亲。只要我还活着，或者直到我的大脑对我开了一个极其残酷的玩笑，让我痴呆、健忘，将我从历史和时间中"清除"之前，我都会记得那一刻。从那时起，特吕弗一直活在我心中。

难道这些美学顿悟不是逃避历史的一种形式吗？这些不也是一种将自己从时间的重担和历史的重负中解脱出来的形式吗？再者，尽管并不是每一位艺术家都试图达到这种先验的境界，但确实有一些艺术家试图这样，他们将我们同他们一道带进另一个经验世界。如果我们进入他们的世界，并让它成为我们自己的世界，那么我们就会不断地融入逝者的世界。他们萦绕在我们四周，向我们指出要走的一条新道路，并改变着我们的生活。裘帕·拉希莉（Jhumpa Lahiri）是一位非常有天赋的印裔英/美国作家。她在第二部著作《同名人》(*The Namesake*)——这是继《疾病的解说者》(*The Interpreter of Maladies*)这篇著名短篇小说集后的首部长篇小说——中，讲述了一个错综复杂的故事，一个关于生活在两种文化中的艰难，关于家庭责任、爱、亲情和背叛等的苦与乐的故事。小说让我感动流泪的是最后一句；在小说中，它的情感记录并没有达到她之前的作品以及最近一部小说集的那种高度。主人公打开一本以他的名字"果戈理"命名的小说，他的父亲刚去世，他便开始阅读。作者为她的作品提供了一个极具感染力而又令人出乎意料的结局，从而将叙述中的不同情节联系在一起。这样做时，她极具洞察力地提醒读者书籍与阅读的意义之所在，以及它们在我们逃避日常恐惧和个人悲剧时所占据的特殊地位。这里，拉希莉的《同名人》中的主人公，借助于阅读"果戈理"，得以重新思考某一永恒的主题。这一永恒的主题就是，美好事物将我们同他人联系在一起。

最近，我开设了一门世界历史课程，时间上起宇宙大爆炸、下迄公元400年前后。如我在所有班级上做的那样——我第一次这样做的时候差不多是在40年前，那时我还在普林斯顿给已故的卡尔·休斯克做助教——我让学生们选择表演代替论文写作。表演的内容可以是音乐、舞蹈、戏剧演唱，或者能够将他们本人及他们的学习行为同历史联系在一起的任何其他创新形式。多年来，我看到过一些非常令人难忘的表演，也看到过一些极其糟糕的表演。或许是因为班上有大量的大学新生，所以很少有人利用这个机会在同学面前进行表演。我们只有过三次表演。这三次表演都很不错。第一次是以《奥德赛》为基础的音乐表演，包括一些由电吉他演奏的美妙而复杂的原创音乐。

第二次是生动活泼的加拉巴舞（Garba Raas）表演，这是一种源自于印度古吉拉特（Gujarat）、通常在圣母节（Navratri）表演的传统舞蹈。它同样充满魅力且引人入胜。不过，它是具有影响力的最后一个表演。两名年轻的学生，一名男生和一名女生，（一人）弹着吉他，（一人）拉着小提琴，和着那位女生创作的音乐，吟唱着源自《薄伽梵歌》的诗句。当他们结束表演时，班上三百多名同学站了起来，给他们以热烈的掌声。一些同学热泪盈眶，我也一样。在这一并非宗教意义上的而是美学意义上的超验时刻，我感到难以言状。在那一刻，那一超越时间的一刻，聆听和观看着他们的表演，我完全沉浸在音乐之中。我和众多的学生都置身于历史和时间之外。那些表演者同样如此，在转瞬即逝的时间里，他们捕捉到了一点超越自我的东西。然而，其中也有一些伤感。对我来说，情感的短暂性，看到并明白某些东西无法以同样的方式再次捕捉或感受，我当然也有一种空虚感。我们必须回到此地此刻；然而，在另一种情况下，我们生活在美好之中。我认为，我的学生同样体会到了那种感觉：看到了某种特别的事情在他们周围发生，然而，那不是一种能保留下来对抗时间流逝的东西，而是一种必须如符咒和护身符般铭记于心的东西。当然，他们都得到了 A+ 的成绩。

从某种意义上讲，书籍如艺术、音乐、学术以及其他寻求意义的文化形式一样，在两个不同的层次上发挥着作用。（首先）它们通常是艺术家或学者不掺杂个人复杂情感和期许的成果，尽管并非总是。文化艺术并不总是试图改变他人。相反，他们或许以自我转变为目标。虽然，期望触动他人的愿望总是隐含在创造美好事物的过程中，隐含于分享中。在第二个层次上，艺术不仅改变了艺术家，同样改变了其他人，并为人们提供了如上所述的从日常生活中解脱出来的那一时刻。于我而言，书籍一直是我的避难所，它们远胜于音乐或视觉艺术，我前面讲述的经历只是例外事件。还是孩子的时候，我就会带着一本书——通常（取决于我多大年龄）是儒勒·凡尔纳（Jules Verne）、埃米里奥·萨尔加里（Emilio Salgari）描写桑德坎（Sandokan）和他的海盗团伙的小说，亚历山大·仲马（Alexandre Dumas）、维克多·雨果和沃尔特·司各特爵士的小说——躲开朋友和家人，躺在欧内斯特·海明威的农场（位于我在古巴的家的街对面）里一个遥远角落的石桌或草地上，一个人待上几乎一整天。

在我十几岁的时候，除了一个妹妹在患病数月后离世之外，我并没有经历过多少需要加以逃避的大灾难。我既没有遇到过家庭冲突，也没遭遇过众多会将我的童年和青春期变成真正的噩梦的其他糟糕事情。正相反，我的人生是相对秩序井然的，充满了爱，没有任何大的压力。然而，在阅读了19世纪所有的那些非常浪漫的小说后，我成为一名特别的青少年，饱受（或者在当时我以此为骄傲或误认为如此的）敏感的青少年特有的病症的煎熬：悲天悯人（*Weltschmerz*），为世界而担忧。这产生了一种疏离感，一种与众不同的感觉。矛盾的是，那种感觉是安慰与痛苦共存。再则，我知道我这里所写的是一些极为平常的东西。在差不多四十余年的时间里，我教过的许多学生曾对这种苦恼有过暗示，或进行过充分的表述。尽管他们没有读过任何19世纪浪漫主义小说，对它们也不了解。尽管我有这样的经历，但浪漫小说可能并不是经历这种令人不安的、与众不同的感觉的唯一催化剂。

当然，这里的关键在于：我所描述的所有这些征兆未必完全可以作为逃避历史的尝试。尽管如此，它们都有着将世界和日常生活拒之门外的可能。当我逃到安静的角落读书时，从来就不是孤身一人,也从来就不曾处于当下。阿多斯(Athos)、阿拉米斯(Aramis)、波尔朵斯(Porthos)和达达尼昂(d'Artagnan)与我同在,"埃德蒙·丹特斯"(Edmond Dantès)、"希科"(Chicot)、"吉尔伯特"(Gilbert)、"埃斯梅拉达"(Esmeralda),以及所有的小说人物都与我同在。无论是过去还是现在,他们都如同外部世界一样真实。看过电影《潜水钟与蝴蝶》(*The Diving Bell and the Butterfly*),阅读过电影取材的原著,对于让-多米尼克·鲍比(Jean-Dominique Bauby)的悲惨人生和死亡,我情不自禁地想到了约翰·邓恩(John Donne)常被加以引用的训诫"谁也不是一座只有自己的岛屿"中蕴含的真理,想到了每一次死亡都在消耗着我们。悲剧,无论是像14世纪中期欧洲的黑死病那般分布广泛并具有毁灭性,还是像达尔富尔的谋杀或是墨西哥贩毒集团正在进行的大屠杀,甚至是像鲍比这样的个人悲剧,所有这些都以一定的方式提醒着我们:我们自己也会死,并且常常让我们同瘟疫、饥荒、战争或个人的苦难等带来的恐惧产生共鸣。

鲍比是一名严重的突发性血管疾病的患者,患有"闭关锁综合征"(locked-in syndrome)这种病征罕见,患者痛苦。他能够清晰地思考,并能够听到和看见(尽管他的视力仅限于一只眼睛)病床周围的东西,但他仅能够通过眨巴那只能看见的眼睛来表达他的思想。正是通过这种方式,他向秘书口述了那本书。鲍比情不自禁地将他本人同亚历山大·仲马《基督山伯爵》(*The Count of Monte Cristo*)中最为卓著的小说人物之一——努瓦蒂埃(Nortier)——进行对比。努瓦蒂埃就是通过眨眼睛来同他可爱的孙女瓦朗蒂娜(Valentine)进行交流的。这里,文学的力量再次超越甚至最为痛苦的环境。鲍比的最后一部作品——该书出版后不久,他便去世了——并不是一部令人沮丧的小说或电影，而是对生活、记忆的力量以及克服严重的健康问题的艺术的肯定。没有上帝，只有性的记忆（尽管它过去曾是生动的），没有语言，没有感觉，鲍比的思维正如书名中的蝴蝶一样自由飞翔，并逃脱了他身体的樊笼。他将自己的身体比作潜水钟，更确切地说，是深海潜水服。对于他而言，历史已然停滞。当下、自我获得了胜利。他的艺术力图阐明一点：我在此地！我存在着！

乌托邦

考虑应对世界的多种方式时，我们应注意西方想象，甚至采取措施创造一个完美的世界；当然，这样做是为了阻止变化。在第二章中，我们已经看到其中一些在"天启运动"的幌子下进行的尝试，它们激烈地和/或虔诚地谋求触发第二次降临以及时间和历史的终结。哲学家和科幻小说家同样试图从纯粹的知识和美学的角度去想象这样的世界。这些乌托邦作家形形色色，对于他们而言，变化通常就是敌人。难道历史和历史研究项目的本质不是研究时间长河中的变化吗？所有的乌托邦，至少大部分乌托邦，从本质上讲是逃避历史的方式。它们基于一种根本的假设：世界充满不公正和不公平；历史进程在时间长河中产生了各种让人无法忍受的社会环境；这些环境无益于人类的幸福。因此，个人不可能真正快乐，因为，在一个不公正的世界里，他（她）不可能保持真正的公正。柏拉图是第一部——许多人认为是最好的一部——乌托邦著作《理想国》的作者。他开篇讨论的便是"公正是什么"。同柏拉图的主人公——他的导师苏格拉底——唇枪舌剑地论战的那些人中有一位是诡辩家特拉西马库斯（Thrasymachus）。他的观点略带有马基雅维里式的前卫，即假定了一个世界：其中，强者的意志和利益决定着政府的性质和各种社会关系。这一事实不就是历史和历史研究的真正用意所在吗？

如果我们审视漫长的集体历史，那么我们一再看到的是由个体组成的不同派系之间的暴力冲突。他们追逐统治地位、控制权、权力以及将自己的想法——它可能是进步的，也可能是邪恶的——强加于他人。在书写历史的过程中，我们的努力目标明确，旨在描述和解释时间长河中权力的运作和不平等。正是这些弊端促使柏拉图——他目睹了雅典在伯罗奔尼撒战争中失败的可怕结局以及瘟疫给雅典造成的影响——提议创建一个社会，其中，争斗和变化都将被消灭。不过，他也承认，他的理想国有可能衰落并蜕变为一个不公正的国家。通过借助一系列秘密的计划去控制财产、家庭和性造成的不良影响，他试图将这些想法付诸实施。西西里岛当时确实也出现了一个创建这样的社会的试验。最重要的是，理想国使少数人得以自由地思考"美与善"。

柏拉图的《理想国》大量借鉴了斯巴达的模式。一如他同时代的多数人，柏拉图为之而着迷的是几个世纪以来看似保持不变的能力，是它的军事统治精英本质上的共产主义，即财产共享。斯巴达稳定而保守的政体有点像希腊人所描述的"欧诺弥亚"（eunomia），即统治有方的状态。尽管历史现实与理想不同，尽管柏拉图的《理想国》和马克思向全面的共产主义的过渡都植根于历史现实，但在他们完整的也是终极的目的中，隐含着对历史的拒斥。在前一部著作中，社会被分成劳动者、守卫者与哲学家三个社会等级，所有人都受理性支配。此种划分会终结历史上的权力下放，从而导致谣言四起、帝国主义冒险、阶级冲突和最终的失败，一如雅典曾经发生的情况。马克思的共产主义的高级阶段终结了阶级对抗的漫长历史。它将带来无所不能的人，最终导致国家的衰亡。在这两种情况下，尽管实现这些目的的方式都植根于历史进程中，但它们的结果在本质上是非历史性的，从深层次上讲，甚至是反历史的。在柏拉图和马克思这两位集激情与学识于一身的作家的著作中，对历史的兴衰沉浮所做的理智的回应，几乎是对始终困扰人类的种种弊端，如不公平、剥削和不公正等做出的本能反应。这些普通的历史范畴，存在于整个历史长河中所有的政府体系中，是历史恐怖的核心之所在。

当然，在西方的历史中，柏拉图和马克思只是最为著名的乌托邦作家中的两位。理想的未来是回应众多这样的问题而产生的。爱德华·贝拉米的《回溯过去：2000—1887》是19世纪晚期美国极为流行的小说和畅销书，成为众多贝拉米社团（Bellamy societies）最终形成的催化剂。这些社团希望将贝拉米的想法变成现实。最重要的是，这一构想是对工业化和工业革命给英美世界带来的种种弊端的保守反应。贝拉米的世界，是一个后工业化社会，它废除了财产私有制，转而建立起一个完美而又一成不变的高度先验的公有制社会。夏洛特·珀金斯·吉尔曼（Charlotte Perkins Gilman）的《她的国》（*Herland*，1915）是19世纪晚期美国大量描写乌托邦梦想的另外一部作品。它描述了一个只有女性的社会，其中，父系社会所具有的历史弊端最终被克服，取而代之的是母系社会。在母系社会中，繁殖本身借助于单性繁殖，而战争、财产以及权力的滥用（主要是男性）不复存在。

我可以继续列举无数的乌托邦社会：既有其理想化的版本，也有实施中总是不能成功（从长远来看）的尝试。其模式几乎如出一辙。毕竟，这些构想就其本质而言是文学畅想，都试图消灭某些明确的历史弊端,而它们则被恰如其分地看作不平等和不幸的根源。这里,我感兴趣的不是这些乌托邦构想在过去和现在问世的方式,而是那些赋予它们生气的创造力和美学驱动力。与音乐、雕刻、绘画、电影制作和文学没有什么不同,乌托邦对我们陷入的历史困境进行探讨,并提出解决办法。同样,与这些美学表达没有什么不同,它的轨迹也大同小异:对历史的恐惧要么借助于艺术家创造力的爆发,要么是通过一系列改进人类的复杂计划,从而构想出一趟前往超越历史之境界的旅程。我们早期目睹的千禧式渴求和躁动试图回归上帝并终结时间和历史。与此不同,乌托邦,就其目标而言相当世俗;并且在某些情况下,它们由衷地反对基督教。当然也有一些显著的例外,如震颤派教徒(Shakers)、《基督城》、耶稣会士在近代早期巴拉圭的乌托邦试验。事实上,乌托邦和反乌托邦都把西方的正式宗教视为困扰人类的灾祸之一,由此便有了《美丽新世界》。

如果哲学意义上的救赎和真正的幸福能够在对"美和善"的冥想中实现,一如在柏拉图的著作中,或者能够在平等和有意义的劳作中实现,一如在马克思的共产主义中,那么竞争性的信念就不会有存在的空间。确实,柏拉图以《理想国》末尾的神秘而又抒情的结局(厄尔之谜),以及退而接受毕达拉斯的灵魂轮回,从而背叛了他本人和后世的所有读者。此外,马克思没有政府的共产主义社会极像一种世俗的宗教。然而,他们解构自己特定时代的历史和结构的进程,与神没有丝毫关系。

有时,不同的文学风格会为洞悉一位艺术家逃避他/她的历史环境的渴求以及创造一个不同世界的渴求提供些许帮助,无论这位艺术家是空想家还是反乌托邦的鼓吹者。事实上,来自科幻小说和奇幻文学的例子很多。这里无须对众多这样的作品进行评论。它们中有一些籍籍无名，甚少为一般读者所知。其它一些却成为我们文化的一部分。第二种类型的两名作家是亚瑟·克拉克（Arthur C. Clarke）和弗兰克·赫伯特（Frank Herbert）。在他们代表性的科幻小说《2001》——斯坦利·库布里克（Stanley Kubrick）将这本小说完美地翻拍成电影——中，克拉克对历史和将来的世界提出了一系列重要的问题。尽管电影和小说各自的结局都故作神秘且含糊其词，但很显然，在《2001》中，人类的历史是从不同的视角被加以审视的。邂逅神秘巨石开启了人类发展的新途径，而这些新途径是超越了人类历史的。同样的情况也出现在克拉克具有煽动性而令人浮想联翩的《童年的终结》（Childhood's End）中。除了一些不情愿的人之外，其他人都加入逃离人类历史从而进入更高的意识形态的精神和先验性行动中。如果我们注意到《童年的终结》与"天堂之门"的集体自杀之间的相似之处，那么这些类似之处，尽管它们的来龙去脉各不相同，都是令人不安的。

这里我将提及的另外一位作家是负有盛名的弗兰克·赫伯特。在他的"沙丘"系列丛书——总共有六部——中，他明显借鉴了632年先知穆罕默德去世后阿拉伯扩张的历史模式，从而构建了一个社会。他的沙漠行星阿拉基斯（Arrakis）以及只有行星上才能找到的被称为"美兰基"（melange）的万能抗衰物质支撑着一个庞大的银河帝国。到目前为止，在他的鸿篇巨著的前几卷，赫伯特都极力保持使其在虚构的历史范围内。但在第三卷《沙丘之子》（Children of Dune）的结尾，以及第四卷《沙丘神皇》（God, Emperor of Dune）中，赫伯特走出了大胆的一步，进行了狂想，并让他的主角莱托（Leto）从事我称之为"迫使历史力量进入一种否定各种历史进程的可能性的静止麻痹状态"的活动。4000年里，莱托慢慢地变成沙虫（一种能够产生所有必需的"美兰基"的巨兽），他成为人类所有记忆和历史的"储藏库"。他统治着一个世界，其中，变化以及随之而来的"孪生子"——进步和衰退——都得到严格的控制。一如赫伯特描述的那样，这就是"黄金大道"，是从人类手中拯救其自身所必需的。"黄金大道"一半是宗教观念，一半是有意识地塑造一个永久不变的未来的尝试。它也是一个深层次的乌托邦或反乌托邦计划，是对不可避免的战争、夺取权力的斗争、父系社会（莱托的军队都是女性）以及诸如此类的东西的逃避。在赫伯特的构想中，它们威胁毁灭整个人类。

自我消解

在个人与社会无休无止的斗争中，在默默忍受历史的恐怖与逃避历史的恐怖的斗争中，没有什么有如抹杀自我的尝试那般危险。这种自我毁灭可能呈现为不同的形式。它可能仅仅采取借助自杀来结束一个人痛苦的外在形式。无论是为个人还是集体所采用，这都是一个古老而屡试不爽的方法。它可以通过宗教的沉醉——即一种神秘的恍惚状态——或者与神格的融合而解放自我。美学家同样可以想象出能产生同样结果的路径。这些路径可以是艺术、美或知识的路径，但其结果都一样。在这里，我并不打算暗示：作家或有创造性思维的人们能够真正地将他/她自己从世界中解脱出来；或者，一名读者或观赏者，即凝视着一件艺术品而产生某种间接感受的人，能够直接分享到那种独特之感。因为缺少一个更好的术语，我将它描述为自我消解。然而，在某些特定的艺术表现形式——写作和电影首先浮现于脑海——中，作品情节的叙述推力不可避免地形成一种逃避时间和历史的形式。此处我力图描述的东西既包含在特定类型的艺术作品（它们的意图几乎是虚无主义的）中，也包含在同美好的事物及糟糕的事情接触的过程之中。

就第一种而言，有许多例子值得列举。不过，梵高（Van Gogh）令人感到不安且不断增强的色彩，以及他以自我为中心而对世界进行的艺术认知，是一个最恰当的例子。即便我们不了解他的悲惨人生、种种病痛以及最终的离世，他的绘画也会向我们大声倾述：退而追求艺术，将它作为他身外的所谓现实世界的一种替代，是多么崇高，同时又是多么令人担忧。如果说我们在梵高逝世后的一个世纪里仍然为他的作品神魂颠倒，那是因为他对生活的恐惧、悲愤和绝望异常强烈，也是因为情感在他的艺术作品中的表现方式，以及向我们这些凝视画作的人进行传达的方式。我认为，波德莱尔那些愤世嫉俗却感人的诗歌，以及他已被加以引述的著名格言"我们应醉生梦死地度过一生"不应被理解为劝说人们从酒精和毒品中寻求庇护。正如我们在前一章所见，这条道路是我们许多人对（20世纪）60年代的记忆。相反，波德莱尔提倡的是，借助诗歌、艺术和音乐而从日常生活、日常生活的痛苦、恐怖，尤其是从单调乏味中逃离到美学所提供的陶醉之中。

18世纪的一封匿名自杀遗书中有一行字，它试图用"在拉链和维可牢（尼龙扣）出现之前，有必要终结所有的系纽扣和解纽扣"，以此为暴力结束生命进行辩解。尽管这句话很尖刻，但它在朴素中包含着对事物本质的深刻洞悉。人们必须被不断地提醒，历史的恐怖远远不只包含一些不可解释的灾难，或人类彼此暴力相向的低谷、人类对地球的破坏。历史的恐怖可能还包括日常生活中种种可怕的荒谬行为，包含平凡日常生活的苦恼以及时间的无情流逝。愚蠢地重复着本质上无聊的各种活动——如日常的系纽扣和解纽扣,意识到我们的生活在本质上是为我们设计好的,虽然它不必总是这样,所有这些都可能是无法抗拒的和令人不安的。每天早上,我差不多在同一时间醒来,如常准备早餐、阅读报纸、检查邮件,之后便是愉快地坐下来度过"我在笔记上的四个小时"。这样的感觉,在反思而不是凭记忆机械地完成时,有力地提醒着我们的存在——在这种情况下,是我的存在——的毫无价值。在许多方面,这些相沿成习的惯例及日常生活的模式,提供了相当程度的舒适和安全。它使我们产生一种世界井然有序的错觉,为我们的生活提供了环境和意义,从某种意义上讲,也提供了一种稍纵即逝的快乐。这样的日常生活能够持续很长一段时间,为人们提供了一种连续的感觉,从而使我们过去的个人生活(这是我每天所做的)和未来的生活(这是我明天会做的)联系在一起。在某些情况下,它们还提供了整个(人类)存在的轮廓。有许多人,无论是幸运还是不幸运,对他们而言,生命进程甚少或根本就没有脱离这些秩序井然的日常生活。尽管这或许看起来令人欣慰,但最终它同样是一件令人难以言喻的恐怖事情。

然而,我认为,如果我们能够开启一扇窗户,进入那些生活遵循着这些规划好的进程的人们的大脑中,我们或许会为他们内心深处偶尔"沸腾"的愤怒而震惊。那种炽热的愤怒很少或从来没有得到表达。它几乎没有或只是偶尔被允许浮现出来,进入有创造性的或具破坏性的活动中。这就是为什么我们有时候会听说某个人自杀或做出出人意料的行为。他们本来过着宁静甚至是模范(平庸)的生活,突然之间,在几乎或根本没有任何他/她的意图的迹象的情况下,做出了一些完全不同于曾经塑造过他/她生活的那些模式的行为。我记得一位亲戚给我讲过的故事。每天早上,一位老爷爷将他的孙子送到校车站台。有一天,小孩问他爷爷,"爷爷,我生命中的每一天都必须做这件事吗?我还要上多久的学呀?"当老爷爷富有诗意地描述着高中(这个小孩当时才上二年级)、大学,甚至研究生学院时,这个小孩完全绝望了,不能理解在他年轻的生命中的随后二十多年的时间里,他仅做这一件事,而这件事将占据他大部分时间,没有为玩耍留下多少空间。"这将是多么无聊的一件事情",他说道。

正如我们所知,小孩的话体现了大智慧。在那个许多年前由先祖父告诉我的小小趣闻中,我们可以抓住问题的本质,而这正是我在前面三章试图解决的。我们冒险地徘徊在偶尔发生的灾难性事件的刺激和恐惧——尽管它们最近似乎太过普通而不能被称作"偶然"——与反复发生的行为和可预测的生活的单调乏味之间。从集体和个人的角度而言,我们逃避前者并/或与之斗争;我们同样逃避后者并/或与之斗争。我们见识了用来武装自己以抗击历史和陈腐的武器:宗教、肉体快乐,最后是追求知识并占有美好的事物,或者,说得更直白一点,即创造性的活动。从许多方面来讲,尽管我多次试图避免将这三种对历史的恐怖的不同回应划分等级,列出其中一种优于其他,但是这三种方式确实存在着重要的差别。

追求美好的事物,创作艺术,将其作为一种方式,以传达和解决内心和大脑中的不安,或者是逃避某种令人不安的形势的需求,通常是一种个人的行为。很少有这样的社会存在过,其中,驱动性的组织原则是创造和喜爱美好的事物。当然,读者须充分理解,我这里描述的美好的事物并不是柏拉图式的范畴,即它不是一种不可改变的、绝对的事物。美总与品位相连,而品位总是从文化角度构建的。尽管如此,没有哪个社会曾经以一个整体的形式去追求过美学目标，或允许所有市民平等地分享美学体验的益处。《理想国》是一部自觉地受各种具有高下之分的形式和观念影响的著作，而在这些具有高下之分的形式和观念中，终极的意识归属于"美好的事物与良善之物"。柏拉图在书中的乌托邦式冥思，丝毫没有构想出一个使所有公民都会从事冥思生活的社会。一些人必须得种粮食和打扫厕所，精神生活只会向极少数人敞开大门。需要有大批的劳作者和守卫者来支撑哲学家思考美好事物的这一漫长而艰辛的旅程。尽管柏拉图最终停在了"美好的事物和良善之物"上，正如之前所说，这有点神秘主义的气息，但是，沿着不断攀升的上升阶梯拾级而上，这始终是理性的。

积习难改，我一如既往地偏离了自己一直试图去阐明的观点，即是我们不应对此太过惊诧，在美学中寻求避难，通常被认为优于宗教和/或沉醉所提供的逃避方式。当然，艺术或新知识的创造者同样可以享受一杯烈酒（他们通常这样做）、性，甚至有宗教信仰。于是，就有了本章开篇加以粉饰的赫胥黎的那些讽刺的评论。再举一个例子，拉斯金形成了一种被用来为宗教情感服务的唯美主义。尽管如此，艺术家或学者通常首先受自身的艺术或研究的驱使，而它们既是宗教的一种形式，也是沉醉的一种形式。这一主张就是，在追求他们的专长的过程中，美学家们创造出（仍然在创造）一些东西，如绘画、诗歌、小说、电影等，它们征服了转瞬即逝的时间，并向后代传达着这样一个强有力的信息："我活在此地！我忍受着！"

巴黎是一座这样的城市，它的统治精英和市民比世界上任何其他城市（尽管威尼斯当然也宣称如此）中的人都更自觉地反思着自己的历史。穿行于其中，我们会看到诸多的市民空间，它们力图借助纪念碑、令人印象深刻的远景以及和谐的建筑来捕捉美。每年夏天，在我造访巴黎之时，我总会被城市纯粹之美打动，也会被不同年龄的人相互竞争的方式所打动。（它们）犹如吵吵嚷嚷的孩童，大声吵闹以引起我们的注意。最后，它奏效了，因为尽管过去是借鉴过去而来，却自始至终瞄向一个未知的将来，从而超越了历史和它自身的种种局限。就我所知，巴黎并不是如威尼斯那样的博物馆城市，也没有吴哥窟那样的宏伟遗迹，但巴黎最接近于体现这种美的理想。我们可以迷失在过去，与此同时却仍然存在于一个真实而又繁荣的现代城市之中。走进圣安托万市郊路（rue du Faubourg Saint Antoine）的死胡同，或漫步在沃吉拉尔街(rue de Vaugirard)的塞尔万多尼马路（rue Servandoni）上，我们在不知不觉中忘却当下而走进过去。无论它是有意识的还是无意识的，那种过去都不是像普鲁斯特那样的记忆游戏，而是一种超越历史本身的过去。自相矛盾的是，它以各种历史经验为基础并从中汲取养料。如果说人生的目的始终是逃避时间，首先是我们自己的时间，那么迷失在过去，抑或为阅读或一条街道的美丽所吸引而走进过去，是同神秘经历一样或较之更具吸引力的一种逃避。因此，审美途径更为艰难，更加具有排他性，更为个性化，并且更少向接受那些末日情怀或革命热情开放。这种近乎抒情式的唯美主义很难解释，也更难以传达。我们必须直接对它加以体验。正如神秘的经历、对美好事物的占有和意识是难以言喻的。

城市，尤其是巴黎，是将过去历史化并为个人和团体、市民和参观者构建历史环境的引擎。然而，当城市精英和统治者选择美化城市环境时，其结果——当这种结果完全或部分成功时，也就是说，当那些组织空间的人们巧妙地营造出过往历史的层次与组织时——就是：他们的努力不仅强化了一种无尽的文化借鉴和历史连续性的意识，而且，如早些时候指出的那样，还提出了一种构想，其中，不同的历史模式和时代被呈现为存在于当下，并且不受变化的影响。当然，我们知道这种观念最终是多么虚幻和难以把握。

在马塞尔·普鲁斯特（Marcel Proust）影响广泛且感人的《追忆逝水年华》（À la recherche du temps perdu）的第一卷《去斯万家那边》（Swann's Way）的最后几段中，整部作品的主人公对记忆中时间和地点的易变性以及无法避免的缺陷进行了反思。想象着斯万夫人漫步于布洛涅森林时会怎样东张西望，叙述者将其与他自己的时代中漫步在布洛涅林荫大道上的人们进行了比较，这不可避免地改变了这个地方的本来面貌，"如时间本身一样转瞬即逝"。于是，正是由于记忆的作用，无论是不断地意识到事物过去的面貌，还是不断意识到它们已然不复存在，我们得出一个糟糕的看法：地点和人们如同时间本身一样，转瞬即逝。普鲁斯特是这样进行阐述的：

> ……并且有助于我理解，在现实之中去寻找储藏于记忆中的那些画面是多么荒谬，它们不可避免地丧失了源自于记忆的那种魅力，以及源自于无法为感官所理解的那种魅力。我曾经了解的那种现实已经不复存在。整条街道改变了，斯万夫人不会穿戴同样的服饰在同一时刻出现，这便足够了。我们曾经了解的地方并不仅仅属于我们为了自己的方便而描绘的那个空间世界。它们只是介于各种近似的印象中的一个小薄片，而这些印象构成了我们那时的生活；对一个特定形象的记忆只不过是

对某个特定时刻的遗憾；唉！房屋、道路、大街，都如岁月一样易逝！①

普鲁斯特痛苦地认识到，事物的易变以及时间和记忆的流逝，是他努力以美学幻想来应对世界和时间的出发点。就其具体情况而言，他借助令人心碎的丰碑性文学作品达到了目的。

最后，对万物短暂特性的美学意识通常会促使人们致力于在本质上同现实的流动性和暂时性相矛盾的文化工程。再则，所有的艺术都是抗拒时间流逝的斗争。例如，想一想修建金字塔所必需的、长期而缜密的工作。金字塔除了是栖息之所及进入来生的起始点外，还被修建用以"征服时间"，确保后世的缅怀。值得注意的是，这种抗争，无论它是以建筑的形式还是以文学作品的形式，如果做得好，通常都是成功的。普鲁斯特，无论是作为作者还是作为主人公，都是隐士。面对自己的双重性取向和疾病，普鲁斯特一生大部分时间都在回忆中度过，并通过写作来回忆过去的一段特定时光。不过，他也通过转喻和人为地巧用转瞬即逝的瞬间将它们视为美学体验的关键。②然而，在普鲁斯特情节复杂的鸿篇巨著中，最催人泪下（而且最具美感）的段落恰恰是那些他在其中同文字、地点和时间的不稳定性进行妥协的段落。

与神秘主义者和享乐主义者没有什么不同，一个试图借助

---

① Marcel Proust, *In Search of Lost Time*, vol. I, *Swan's Way*, trans. C. K. Scott Moncrieff and Terence Kilmartin, rev. D. J. Enright, The Modern Library, 1992, p. 606.

② Peter Collier, *Proust and Venice*, Cambridge University Press, 1989, pp, 45—47 et passim.

美学的方式来逃避人类境况中的难题的人，往往会陷入毫无出路的死胡同。如果艺术家成功地创作出能经受时间考验的艺术作品，那他（她）的艺术作品的内涵也就不可避免地会发生变化，这取决于不断变化的环境的影响。如果说电影《四百击》在四十多年前以特定的方式感动了我和其他人，那么我怀疑它能否同样感动当下与我那时年龄相仿的人。相反这部电影现在要么被视为过时，要么被认为是电影史上的又一个里程碑。追求永恒的美的努力因品位的变化以及《四百击》本身帮助推动的电影发展而被剥蚀了它的迫切性，未能成功。当我们将美好的事物转变成一种学术探索时，某些基本的东西便消失了。

我重读普鲁斯特的作品，主要是出于我当前的年龄（老迈）、我对法国和巴黎事物的热爱，以及对"生命终归是毫无意义的"越来越强烈的意识。这种意识我一直都有，只是没有今天这么强烈。普鲁斯特借助艺术而对自己的生平进行回顾、重组和补救，这一声势浩大的规划一次又一次地打动了我。最让我感动的是措辞和思想突如其来的转变，它以精湛的修辞和深刻的见解捕捉到了事物的悲剧性本质。普鲁斯特的著作创作于1908—1922年，其背景是空前的战争（第一次世界大战）、急剧的社会变动和世界性危机。但它们几乎没有触及或直接反映其中一些重大的历史变迁和灾难。相反，所有的作品谈论的全是内在性。它讨论的是科利尔（Collier）在《威尼斯与普鲁斯特》(*Venice and Proust*)中所描述的"将生活、感官、美本身折叠成先验的美"这样一个庞大的规划。因此，斯万起初之所以迷恋奥黛特（Odette），就是因为她的面貌同波提切利（Botticelli）绘画中所发现的那些人的面貌很相像。阿尔贝蒂娜（Albertine）对马塞尔（Marcel）来说也是这样，只是一件艺术作品转瞬即逝的幻影。

一如我在引述露丝·麦凯的话之前指出的那样，如果历史是我们所有人背负的十字架，那么从我们肩上卸下这个十字架又会好多少呢？如果基督教的精髓是耶稣背负十字架并死于其上，人类因而不必如此；又假如沉醉和/或感官快乐是延缓（诸）神和历史之重负的方式，无论这些时刻是多么短暂，艺术也提供着同样的缓解方式。对个体的艺术家和学者而言，它有着同样的功效。对于所有那些始终冒着危险进入美学家所创造的世界的人们而言，它也如此。

当我坐在电脑前，快速地写出一部又一部的著作或一篇又一篇的文章时，一种疑虑啃噬着我的心。就好像闹钟在凌晨时刻响起般令人不爽，它告诉我，尽管我对过往的重构是严肃的，但无论计划本身还是我的严肃都是逃避的形式，是消除无意义的形式。这多少有点妄想。我的作品真的有价值吗？它真的重要吗？它能实现任何有意义的目标吗？在我的事业初期，它意味着任期、晋升和认可，但现在又怎么样呢？我问自己，当我本可以阅读简·奥斯汀和普鲁斯特的作品或看电影时，却成为一个在巴黎闲逛的人，我为什么要这样做呢？如果我就这些问题得出合乎逻辑的结论并依照它们而行事的话，那么我本可以更加接近于前面那些章节中的人们所选择的答案。快乐和消解会成为我真正的逃避（方式）。如果我重拾宗教，好比普鲁斯特式的"重获时光"，那么我本会效仿第二章中呈现的榜样。现实是我不会依照这些冲动行事，或至少现在还不会。相反，我进行着写作。我撰写各种关于节日的书籍，写着一些像样的东西，为孙女写一些简短的故事。我阅读小说，购买艺术品，每天津津有味地看着我的画作。我深爱妻子，不论是面对困难还是时间流逝。我极力让美和朋友都在自己身边。我举办聚会，在客人面前大显身手。我每年都去巴黎。我极力将历史的种种恐怖拒之门外,尽管它们从报纸中强有力地"闯了进来"。每天一大早,一位无名工人谨慎地将这些来自或远或近的地方、几乎总是刊登不好的新闻报道的报纸放在我的门外。这名工人勉强维持着生计,他(她)没有时间或闲暇去将历史的恐怖当作一种自觉的事业而加以思考或反思。在美国有线电视新闻网的早间电视节目和在法国电视五台的每日报道中,"历史的恐怖"闯了进来。它还闯入了(我们)与朋友和同事的谈话中。我还了解到另外一种自然发生的或人为施加的灾难。我读到并目睹了穷人和富人之间不断增加的差距。我读到了干旱、洪涝、地震和肆虐的火灾。去年,我听说了有关医疗保险的激烈争辩,以及这场辩论中一些参与者的十足的愚蠢、谬误、推诿和恶意。我思考着各种深奥而令人忧郁的生存性问题,思考着自己人生的意义。之后,我写作、阅读。但是,逃避只是暂时的。疑虑和问题去而复返。事实上,别无出路。

我认为许多艺术家都知道这一点,并且,他们了解得远比我向来所知的要清楚得多。我马上想到了阿尔贝·加缪。他们知道,借助他们的作品,生活被直观地反映了出来。尽管如此,创造美好事物的行为从本质上讲是一项有创造意义的事业。它本身指向一种内在的矛盾。尽管大多数艺术一方面是对生活的肯定,因而也是对历史的确认;另一方面,渴望青史留名,向往超越时间的流逝,首先就是一种逃避的尝试。就前者而言,例子比比皆是。陀思妥耶夫斯基在《卡拉马佐夫兄弟》中欢快的结局就是拥抱生活,再次确认时间的流逝和连续性,甚至是抵制恶劣环境的一个例子。然而,正如前面指出的那样,该书也包含了一些对人类历史,尤其是对宗教最严厉的谴责。在"宗教大法官"(Grand Inquisitor)的故事中,那些观点被尖锐地呈现出来。在这样一个世界里，人类选择面包而不是自由，选择听人指挥而不是主动选择。这个关于中世纪晚期托莱多年迈的宗教大法官的故事，是由伊万（Ivan）给虔诚的阿莱克西斯（Alexis）讲的。此外，整本书有一种近乎虚无主义的调性。然而，全书以顿悟告终，在这一顿悟中，信念和快乐再次"证明"了自己。宗教和历史减轻了人类不能自由生活的痛苦。

就第二种路径而言，那些强调生活和历史毫无意义的著述，如加缪的《局外人》，或索福克勒斯简洁而优雅的评论"最好不要降生于世"——皆在本书的导言中被引用——都直言不讳地承认：生活要么是毫无意义的，要么是难以承受其重的，结束它是我们能做的最理性的事。我就瑞典电影《埃尔维拉·马迪根》对我的影响进行过注解。这里，再次对它进行回顾或许是有用的。在田园诗般的美景中——主人公、场景和背景音乐同样迷人——电影的前半部分是一个乌托邦式的梦想。在这里，两个人融为一体，逃避着日常生活的烦琐和压力，而进入某种伊甸园式的乐土中。我认为，我们之中很多在四十多年前看过这部电影的人在观看时满怀嫉妒，希望有勇气走出历史和我们的传统生活。我们期望得到救赎，从而回归自然和充满爱的生活。在20世纪60年代，很多人做过这样的事情：于公社落户，尝试着不同形式的社会组织和家庭以及不同类型的性生活，并沿着药物诱导的路径进入更高的意识模式。

但是，假如我们中的一些人仍然清楚地记得这部电影的话，或者像我这样清楚地记得的话，那不是因为主人公（给观众）留下的不走寻常路这一启示，而是因为作品对社会的公开抨击。天道总是如此：夏天为秋天让路，秋天为冬天让路。地面结冰了。主人公之前能从树上轻易摘到的果子再也找不到了。花儿枯萎了。日常生活的这种残酷现实很快降临到作品人物的身上。为了生存，他们不得不返回世界，去面对他们追逐爱情时抛弃的家庭和社会，返回到令人压抑的日常生活中。一如我们已经看到的，他们选择了别样的东西。他们选择了死亡。在他们看来，死亡比背叛自己的浪漫梦想更可取。

我在过了 67 岁的生日后进行写作，并怀着非常浪漫的憧憬记起了这个故事——这确实在很大程度上说明了一个事实：尽管我越来越老，却没有变得更为睿智——我能为这部电影想出无数种不同的结局。这些不同的解决办法都会是折中方案，它们会推迟死亡，并让恋人们相处的时间更长一些。但是，所有这些不同的结局都只不过是对时间坚定的步伐无可奈何的承认。假如《埃尔维拉·马迪根》中那对理想化的恋人最终在一起，那么他们又会发生什么事情呢？他们两人依然能够一往情深吗？他们之间的关系不会以各种妥协结束吗？如何留住一些独特的时刻？那时，我们要么借助于爱情、宗教，要么借助于艺术而置身于历史之外，或是冻结时间，或在一个永恒的时刻里释放自我。罗伯特·勃朗宁（Robert Browning）的诗歌《波菲利雅的恋人》（Porhpyria's Lover）向我们讲述了情感达到的高度，然后在那美妙的时刻，那位恋人将波菲利雅可爱的长发缠在她的脖子上，将她勒死，因为那是一个再也不能重新捕捉的时刻。在普鲁斯特《追忆似水年华》的末卷《重现的时光》（Le temps retrouvé）中，作者渴望重新捕捉住韶华。然而，对于我们而言，时间就是敌人；并且，时间的逝去是一个叠加于历史进程中的事实，是致命的最后一击，不可避免导致我们个体的死亡以及各种文明的兴衰。因此，艺术家或学者都希望阻止时间流逝。《埃尔维拉·马迪根》的结局和勃朗宁的诗歌都认为，最后的答案可能是死亡，因为它捕捉到了永恒的迅速流逝，并且阻止了变化。虽然这似乎很激进。

当然，我们可以继续列举其他各种文学和美学方式的例子，以表明个人试图借助自己的作品逃避历史或冻结时间。尽管并不是每一位艺术家创作艺术都是为了对历史的恐怖做出回应，也并不是每一位艺术家的所有作品的每一方面都仅仅集中于对这些类型的回应上，或许以对三位 19 世纪的诗人进行简短的注解来结束本章更为合适。这三位诗人，至少是在他们的某些作品中，追求的是时间停滞的那些短暂而超凡的时刻。这三位诗人都英年早逝，而且都死于稍悲惨的环境。三人都过着艰难的生活，都全神贯注地且毫不妥协地致力于他们的艺术幻想。因此，无论是他们个人的选择还是艺术的选择，都对他们的生活产生了深刻的影响。他们的生活和他们诗情画意般憧憬的炽热情感，为我们提供了一个从美学上逃避历史和时间的路线图。

约翰·济慈（John Keats, 1795—1821）、夏尔·波德莱尔和亚瑟·兰波（Arthur Rimbaud, 1854—1891）这三位诗人在他们早年都充满激情地进行着写作，都在衰老、疲惫和愤世嫉俗之前英年早逝。他们试图捕捉当下的即时性以及转瞬即逝的美。借助自己的诗歌，他们力图逆时间和历史的浪潮而动，并紧紧地抓住美。兰波在 21 岁时就停止了写作。济慈因总担心自己的诗歌不够完美而备受痛苦的煎熬，有如他的《无情的美人》（La Belle Dame sans Merci）中"全副武装的骑士，孤身一人无精打采地游荡着"。波德莱尔的诗歌集《恶之花》（Les fleur du mal）因低俗和抨击公众道德而受到法国政府的谴责。兰波被指控为浪荡子。他热情地生活着，一如他的写作。对他而言，永恒即在当下：

再次找到了，

什么？——永恒。

那是沧海，

融入夕阳。

——奥利弗·伯纳德（Oliver Bernard）译

（亚瑟·兰波，《诗歌集》，1692）

一如往昔，永恒将在日落之时、在一天结束之际被发现、捕捉。于是，永恒，即时间的对立面，仅仅在一瞬间便被清楚地表达了。时间暂停了，自然的和诗意的美，包围和驱逐着时间。

在济慈的《恩底弥翁》（Endymion）中，美的事物带来"永恒的欢乐"，带来某种永生。诗中的同名英雄"恩底弥翁"踏上了一趟穿越历史和时间的漫漫旅行。爱和痛"陪伴"着他，诗歌以超越历史和时间的顿悟结束。这些都是关于美的永恒的相似的观点，它们在《希腊古瓮颂》（Ode on a Grecian Urn）中也曾被强有力地表达。在《希腊古瓮颂》中，瓮的古典美，"……静默的形体，引我们跳出尘虑，犹如'永恒'之所为。"我们仅仅需要知道"美即是真理，真理即是美"。当然，济慈的大多数诗歌都试图还原并解释诗人所理解的希腊古典时代永恒的美；然而，他的最后一首诗歌写于1819年他在罗马等待死神降临的时候，并被题献给他的恋人方妮·布朗（Fanny Brawne）。《明亮的星星》（Bright Star）一如济慈一直以来所写的诗歌那样优美，后来为简·坎皮恩（Jane Campion）拍成一部极为抒情的同名电影。（其中，）"古希腊的瓮"为记忆中方妮"成熟的乳房"所取代。当诗人面对着不可避免的死亡，希望的仅仅是"在一丝甜蜜的不安中永远触摸着，/依然，依然听到她温存无比的娇喘，/ 就这样永远活着——不然就会晕倒死去"（斜线为作者所加）。他确实在完成这首诗歌后不久便去世了。

在波德莱尔极为美妙的诗歌《邀你去旅行》（L'invitation au voyage）中，他对威尼斯的最后记忆（想一想普鲁斯特与威尼斯之间的联系）唤醒了一个沉睡的世界。在这个世界中，光芒四射的太阳将城市的美景和色彩点亮，使大自然和时间本身"陷入深度睡眠"。剩下的便是一个永恒的世界，一如兰波的情况，生活在日常的紧张中，活在浓烈的美、奢侈、平静和淫逸中：

> 夕阳西下
> 落日的斜晖
> 给运河和整个城市
> 抹上了金黄和紫蓝的色彩；
> 整个世界
> 在温暖的灯光下进入睡乡。
> 那里，只有美和秩序，
> 只有奢华、宁静、快乐。
>
> ——威廉·阿格勒（William Aggeler）译
> （夏尔·波德莱尔，《恶之花》，1954）

当然，世界、历史和时间并没有沉睡。它们并没有如他的《灵魂的黑夜》（Dark Night of the Soul）中的"十字若望"的灵魂，沉睡在爱人"花儿般的乳房"上。在波德莱尔46岁因癌症去世后的第四年，普鲁士军队进入巴黎。巴黎公社成员因反对侵略者和屈膝投降的法国资产阶级政府在蒙马特高地遭到屠杀，并在整个巴黎遭到法国地方民兵的追捕。

158　历史的恐怖——西方文明中生活的不确定性

结　语

　　我以简要评述19世纪的三位诗人而结束前一章，这是因为诗歌受到固定规则和技巧的束缚，同时也受到创新的制约，它能通过纯粹的美和言辞的力量深入事物的本质。希腊人认为诗歌源自诸神，是深入美好事物的一次轻松而自发的"旅程"。诗人，尤其是19世纪的诗人遵循着韵律（rhyme）、格律（meter）和节奏（rhythm）等严格的规则。然而，如我们在济慈、波德莱尔和兰波的作品中所见，这些诗人的想象超越了僵硬的诗歌创作结构。他们力图以永恒的魅力来逃避历史和摆脱诗歌结构的制约。并不是所有的诗人都如此。詹姆斯·汤姆逊（James Thomson）的人生同波德莱尔及兰波多有重叠，他写的不是救赎和逃避，而是他对自己所见的世界——特别是伦敦——的忧郁想象。在他的《可怖夜之城》（The City of Dreadful Night）中，一些诗节的描述十分悲壮，在西方文学中达到无以复加的境地。今天，汤姆逊没有太多的读者，但我记得在20世纪60年代读过其中的一些诗句，并感觉到自己似乎发现了某个同样悲观的精灵。这些悲伤的诗句，是这样的：

　　　　终了，我讲出了真心话，
　　　　为每一个死了的和活着的事物所见证，

168　　　　令你，令所有的人振奋的好消息，
　　　　　　没有神，也没有神圣之名的恶魔，
　　　　　　孕育了也折磨着我们，如果我们避免不了愁苦，
　　　　　　那就满足于尚没有愁闷至极。

　　　　　　那是睡梦中令人忧郁的幻觉，
　　　　　　那个神志清醒而至高无上的活人，
　　　　　　我们必须诅咒他，因为他以生命为我们下咒，
　　　　　　我们必须诅咒他，因为他赋予了我们生命，
　　　　　　无法为寂静的坟墓埋没，
　　　　　　无法为毒药或匕首杀死。

　　　　　　这渺小的生命是我们所有人都必须忍受的，
　　　　　　坟墓中的神圣宁静是永驻的，
　　　　　　我们睡着了就不再醒来，
　　　　　　一切不再属于我们，除了不断腐烂的躯体，
　　　　　　它分解了并重新出现，
　　　　　　在泥土、空气、雨水、植物和他人之中。
　　　　　　　　　　　　——詹姆斯·汤姆逊，1874年

　　以如此忧郁的一种景象结尾，我感到抱歉。显然，我已经告诫过读者，无论是我对这些问题的反思，还是我所有这些年积累的经验，既没有带来智慧，也没有带来慰藉。事实上，一如我年轻时一样，我对晚年时所处的世界也一头雾水。在这里以及在我的生命中，我都极其希望得出某种结论，它的清晰阐述为"如何面对历史的恐怖和时间的流逝并忍受着它们而生活"提供了一个令人信服的答案。在导言中，我写道放弃写作一本

结　语

自助式的书籍，而拙著当然也不是这样一本书。我的一生多数时间花费在寻求意义的旅程上。我首先力图借助宗教来理解世界，并理解身处这个世界的我本人。我要么未能要么则得出了这样一种认识，即对我而言，宗教答案听起来是空洞而没有意义的。我知道，尽管这些答案对其他人而言是令人欣慰的，但对我来说不是。再次重申，我并不希望让任何人相信他或她的宗教信仰是错误的。我有自己需要担心的问题。不过，同汤姆逊一样，我断言上帝并不存在。

　　我尝试过其他的路径。我从来没有拥抱过完全纵情于声色的生活，不过，就这样一种生活的可能性，我可能有过艳羡和想法。早些年当我还是少年的时候，我被某些类型的阅读所制约，这使我不能完全循着感官对历史和时间加以拒斥。我爱过，并且依然爱着。我热爱自己的工作，热爱教书育人。我贪婪地阅读着，不断地创造着意义，并将我如此热心和辛苦地建构起来的意义作为对抗无情而冷漠的世界的壁垒。至于在美学的作品中寻求避难，我不会写诗歌，虽然我一直很想写。我不会绘画，也不会唱歌。我写了仅有四人会读的研究性专著。他们中的三人是我的朋友，并赞同我说的所有内容。余下的一人通常是敌人，他认为我说的全都是错的。

　　在我讨论希腊哲学的课上，我半幽默地告诉学生，在柏拉图尤其是亚里士多德伟大而全面的哲学体系终结之后，后来的世界拥抱的是以人为中心的奇怪哲学观念。在追溯亚历山大和希腊化兴起之后希腊世界的转变时，我对斯多葛派学说、伊壁鸠鲁派学说以及怀疑论进行了描述。我试图以某种理论的形式对此加以解释，不过有点言不由衷。我告诉他们，在面对着残酷而遥远的宇宙以及诸神缺失的情况下，斯多葛学派毫不畏惧地接受了痛苦，追求着各种符合道德的生活，并寻找着意义。

在教室里，我滔滔不绝地描述并宣讲着价值观念，做正确的事情，选择行善并将它作为公开确认斯多葛派理念的一种形式。然后，我便回到家里，给自己倒上一杯葡萄酒（当然，总会面红耳赤）。我读着小说，双脚翘了起来。伊壁鸠鲁派寻求避免痛苦，寻求在节制和友谊中找到通往幸福的道路。强烈感受到的东西往往最终会导致痛苦。

随后，我的妻子打断了我的宁静，提醒我须得倒空垃圾桶并将它扔到外面的垃圾场。我不情愿也十分不高兴，极力拖延着。我抗拒着做家务。最后，我走进盥洗室去冲澡。独自一人，我审视着镜子中的自己。在我的周围和前面，我什么也没看见。一切都没有被接受，一切也没有被采信。我告诉我的学生，我们所有的人在公众场合都是斯多葛派，在家中是伊壁鸠鲁派，而在内心深处，我们是怀疑论者。尽管这句话的初衷是为了调侃和幽默，但其中蕴含着某种伟大的真理。我们同时呈现为多种形态。我们身上的斯多葛派特性同伊壁鸠鲁派及怀疑论者的特征重叠在了一起。我认为，对抗历史和时间的斗争是没有用的，我们必须忍受。不管我们怎样寻求创造意义，我们都必须持续地创造意义。我们需要坚持推动（历史的）车轮。世界之中拥有美，它呈现为众多的形式，存在于我们的周围各处。虽然不值当，但它让恐怖变得至少在某种程度上可以忍受。我写这个，并不是要"背叛"我通常忧郁的想法和悲观的观点。我的疑虑仍然存在。但我们也必须承认，我们因那些美好、愉快和有意义的时刻而坚持不懈，我们活了下来。

我最喜爱的故事之一是由阿根廷作家胡利奥·科塔萨尔（Julio Cortázar）所写、名为《黄花》的短小故事。在故事中，科塔萨尔为我们描述了一位居住在巴黎的男人。他看见一位少年重复着他那个年龄的生活，他突然领悟到：他痛苦而单调的生活将无限期地重复；我们陷入了某种没完没了的存在周期之中，其中，我们沦入永远无法休息而只会一再重复自己的苦难和错误的境地。他大为震惊，设法走进了男孩的家庭，成为他的朋友，然后杀死了那个男孩。他最初的反应是扬扬自得，因为（他）已经中断了存在周期，并且不必再这样做了。但是，在他走出犯罪现场的途中，他看见一朵美丽的黄花。这一刻，他因剥夺了少年在某个遥远的将来看见黄花的机会而抱憾。我看到过一朵黄色的花儿。与仅仅是察觉到那朵黄花和美好的事物相比，我所有的抱怨和悲观根本就不算什么。有时，我向母亲抱怨自己的种种病痛，抱怨成长的种种憋屈。她的回答始终是一样的。"想一想另外一种可能"，她说。另外一种可能便是死亡，它更为糟糕。然而，托尔金在《精灵宝钻》（*Silmarillion*）中的一个精彩旁白提醒我们，瓦拉神（Valars，魔幻世界中的众神）赐予人类最伟大的礼物就是死亡。死亡必然会降临，因为时光不会赦免我们，但至少在那之前，我们可以坚持行善。当它降临时，我们便归于尘土。

毕竟，逃避和抗拒历史是逃避和抗拒时间的一种形式。不管宗教怎么说，我们根本无法重生；而且，尽管我们可以以一定的代价而延长生命，但我们征服时间的唯一方式就是借助工作和行动，它们推动着我们走向未来，一个我们本人永远不会体验到的未来。美学家和学者们所走的道路仅仅为我们提供了藐视历史的恐怖的一种选择和途径。或如汤姆逊所述：

> 坟墓中的神圣宁静是永驻的，
> 我们睡着了就不再醒来，
> 一切不再属于我们，除了不断腐烂的躯体，
> 它分解了并重新出现，

> 在泥土、空气、雨水、植物和他人之中。
> ——《可怖夜之城》，1984年

对抗时间和历史，我们的躯体存活于泥土、空气、雨水、植物及他人之中。最后，戈雅恐怖而令人震撼的画作《农神食子》描述了无论是古希腊人还是墨西哥谷地的墨西哥人都非常熟悉的情境。时光将吞噬我们所有人，那也不错，本该如此。或如一位纳瓦（Nahua）诗人所表达的那样：

> 我们生活于此世的泥土上（踩在泥泞的路面上），
> 我们所有的人都是泥土的果子，
> 泥土滋养着我们，
> 我们成长于此世，于泥土和花儿之上，
> 在我们离世之时，我们化为泥土，
> 我们所有的人皆是泥土的果子（踩在泥泞的路面上）
> 我们吃着泥土，
> 随后泥土吞噬了我们。[①]

[①] 引自 Inga Clendinnen, *Aztecs*, Cambridge University Press, 1991, p. 263。

索 引

（索引页码为原文页码，即本书边码）

Abelard, Peter, 阿贝拉德, 彼得 103
Achilles, 阿喀琉斯 15
adolescence, author's, 作者的青少年时期 35, 138, 141
aesthetics response, 美学回应
　～范畴边界的挑战 85—86
　～作为解释和记录 134—135；个体特性 152—155
　～与物质世界 85—86, 130—131, 153
　～与富有意义 158—162
　～概述 xiii—xiv, 21—22, 31, 136—138
　～与宗教 85—86, 153
　～抵抗因素 135
　～自我消解的路径 149
　～作为时间的停滞 137, 140, 153—154, 155—158, 160—165
　～转化的潜能 137—143
　～各种乌托邦式的描绘 143—149
angel of history, 历史的天使 11
Angelus Novus（Klee），"新天使"（克利）11, 12 及下页
The Anti-Justine（Restif de la Bretonne），《反查士丁尼》（雷蒂夫·德·拉布勒托纳）122—123
anxiety, 焦虑, 见：历史的恐怖 / 焦虑, 概述
artistic expression, 艺术表达, 见美学回应
asceticism, 禁欲主义 57—58, 60, 91, 106, 126
Ashcroft, John, 阿什克罗夫特, 约翰 61—62
Atreus, 阿特柔斯 131
Augustine, 奥古斯丁 24, 88, 106

Bacchic-style celebrations, 酒神式的庆典 8, 30, 33, 69, 91—92, 94—97
Bauby, Jean-Dominique, 鲍比, 让-多米尼克 142—143
Baudelaire, Charles, 波德莱尔, 夏尔 20, 150, 163—165
美 21—22, 153—155, 163—165, 170—171 同时参见 aesthetics response
Bellamy, Edward, 贝拉米, 爱德华 125, 145
Belle Époque, unreason parallels, "美好时代", 非理性的相似例子 9
Benandanti（Ginzburg），"善行者"（金兹伯格）68
Benjamin, Walter, 本雅明, 沃尔特 10—11
Bhagavad Gita performance, world his-

tory class,《薄伽梵歌》表演,世界历史课 140

The Birth of Tragedy(Nietzsche),《悲剧的诞生》(尼采)15

Black Death,黑死病 ix–xii, 83—85, 131

Boccaccio, Giovanni,薄伽丘,乔瓦尼 xi–xiii, 83—85, 131

Brave New World(Huxley),《美丽新世界》(赫胥黎)120—122, 147

Brawne, Fanny,布朗,方妮 164

Brazil,巴西 72—77, 97—98

"Bright Star"(Keats),《明亮的星星》(济慈)164

The Brothers Karamazov,(Dostoevsky)《卡拉马佐夫兄弟》(陀思妥耶夫斯基)160

Browning, Robert,勃朗宁,罗伯特 162

Buber, Martin,布伯,马丁 63—64

bubonic plague,淋巴腺瘟疫 ix–xii, 83—85, 131

Buddha,佛陀 16

Buñuel, Luis,布努埃尔,刘易斯 43

Burgos, Spain,布尔戈斯,斯佩恩 78

Bush, George W.,布什,乔治·W. 39, 41, 101

Candomblé ceremony,康多拜教的仪式 68, 69

Campanella, Tommaso,康帕内拉,托玛索 55—56

Campion, Jane,坎皮恩,简 164

Camus, Albert,加缪,阿尔贝 6, 26, 160

Canudos rebellion,卡努多斯叛乱 72—77

care tending response,护理式回应 xiii–xiv, 90

Carnival revelry,狂欢节盛宴 26, 30, 97—98

Celestine V,塞莱斯廷五世 55

celibacy,独身 126

Céline, Louis Ferdinand,塞利纳,路易·费迪南 135

Childhood's End(Clarke),《童年的终结》(克拉克)148

China,中国 41

Chrétien de Troyes,克雷蒂安·德·特罗亚 118

Chronos myth,克罗诺斯的传说 25

cities, aestheticization of history,城市,历史的美学化,154—155

"The City of Dreadful Night"(Thomson),《可怖夜之城》(汤姆逊)167—168, 172

The City of the Sun(Campanella),《太阳城》(康帕内拉)56

Civilization and Its Discontents(Freud),《文明及其缺憾》64—65

civilization as sublimation,升华了的文明 64—65, 132—133

Clarke, Arthur C.,克拉克,亚瑟·C. 147—148

Cohn, Norman,科恩,诺曼 54

Collier, Peter,科利尔,彼得 158

communism,共产主义 145, 147

Confessions(Augustine),《忏悔录》(奥古斯丁)24, 88, 106

Conselheiro, Antonio,康塞莱罗,安东尼奥 72, 74—75, 76

Cortázar, Julio,科塔萨尔,胡利奥 170—171

Cosmos and History(Eliade),《宇宙与历史》(伊利亚德)5

The Count of Monte Cristo(Dumas),《基督山伯爵》(仲马)142—143

166 历史的恐怖——西方文明中生活的不确定性

索 引

Croesus，克罗伊斯 22
Cuba，古巴 35，68—69，97—98，108—110

da Cunha，Euclides，达·库纳，欧克利德斯 73—74，76
daily routines，日常工作 xiii–xiv，90，150—152，158—159
dancing，舞蹈 69，96—97，140
death，死亡 15—16，22，58，132，137，171. 同时参见 meaningfulness
de Beauvoir，Simone，德·波伏娃，西蒙娜 124
Decameron（Boccaccio），《十日谈》（薄伽丘）xi–xiii，83—85，131
Delaumeau，Jean，德吕莫，让 65
de Sade，Marquis，德·萨德，侯爵 124—125
di Tura，Agnolo，迪·图拉，阿尼奥诺 xi
The Diving Bell and the Butterfly（Bauby），《潜水钟与蝴蝶》（鲍比）142—143
Dostoevsky，Fyodor，陀思妥耶夫斯基，费奥多 160
Duffy，Bruce，达菲，布鲁斯 133
Dumas，Alexandre，仲马，亚历山大 142—143
Dune books（Herbert），"沙丘"系列丛书（赫伯特）148—149
Dylan，Bob，迪伦，鲍勃 122—123
dystopian worlds，反乌托邦的世界 100，120—125，123

Eco，Umberto，艾柯，翁贝托 55
Eliade，Mircea，伊利亚德，米尔卡 5，64，99
Elvira Madigan（film），《埃尔维拉·马迪根》（电影名）119，160—162
"Endymion"（Keats），《恩底弥翁》（济慈），164
Enkidu，恩奇都 127，132
Enlightenment，启蒙 47
The Epic of Gilgamesh，《吉尔伽美什史诗》127，132
eros theme，性本能的主题，参见 love；sexual pleasure as escape
escape strategies，overview，逃避战略：概述 15—22，25—34. 同时参见 aesthetics response; material world, embracement as escape; religious entries
Europe，欧洲 34，41，56，73
examined life，加以审视的生活 21，102—105
Eyeless in Gaza（Huxley），《加沙盲人》（赫胥黎）129—130

fantasy/science fiction，狂想/科幻小说 31，147—148，171
father's death, author's story，父亲的去世，作者的故事 108，136
Fear in the West（Delaumeau），《西方的恐惧》（德吕莫）65
fear's role，religion，恐惧的作用，宗教 64—66. 同时见历史的恐怖/焦虑，概述
Feast of Trimalchio（Petronius），《特里马乔之宴》（佩特罗尼斯）94—95
flagellants，鞭笞者 37，54—55
Les fleurs du mal（Beaudelaire），《恶之花》（波德莱尔）163
Florence，Italy，佛罗伦萨，意大利 ix–x，83—85，131
Forbidden Planet（film），《禁忌星球》（电影名）8
The Four Hundred Blows（film），《四百

击》（电影名）138，157

Francis of Assisi，阿西西的弗朗西斯 33—34，48—56

Freud，Sigmund，弗洛伊德，西格蒙德 64—65

fundamentalism，原教旨主义，参见 religion

Galicia，Spain，加利西亚，西班牙 78—81

Garba Raas performance，world history class，加拉巴舞表演，世界历史课 140

Geertz，Clifford，吉尔茨，克利福德 43

Genocides，种族灭绝 134—135

Gilgamesh，吉尔伽美什 127，132

Gilliatt，in Hugo's novel，吉里亚特，雨果小说中的人物 118

Gilman，Charlotte Perkins，吉尔曼，夏洛特·珀金斯 146

Ginzburg，Carlo，金兹伯格，卡洛 68

Glückel of Hameln，格娜克尔·哈默尔恩 63

god and catastrophe，神与灾难 36—38，71—72. 同时参见宗教条目

Gogol，Nikolai，果戈理，尼古拉 139

Gottfried von Strassburg，戈特弗里德·冯·斯特拉斯堡 94，117—118

Goya de Lucientes，Francisco de，戈雅·德·卢西恩特斯，弗朗西斯科·德 6，7 及下页，25，172

Greece，Classical，希腊，古典时代的 8—9，14—15，47，88

Guinevere，桂妮维亚 118

Hadrian，哈德良 57

Heaven's Gate group，"天堂之门"团伙 38，60—61，148

Herbert，Frank，赫伯特，弗兰克 148—149

heretical groups，异端团体 28—29

Herland（Gilman），《她的国》（吉尔曼）146

Herodotus，希罗多德 22

hippie movement，嬉皮运动 52—53，96

Holocaust，"大屠杀" 45，134

Homage to Catalonia（Orwell），《向加泰罗尼亚致敬》123

homosexuality fears，同性恋恐惧 71—72

Housley，Norman，豪斯利，诺曼 18—19

Hugo，Victor，雨果，维克多 118

Huizinga，Johan，赫伊津哈，约翰 17

human rights，fiction link，人权，与小说的联系 137—138

Hunt，Lynn，亨特，林恩 137—138

Hurricane Katrina 卡特丽娜飓风 xiv

Huxley，Aldous，赫胥黎，阿道司 120—122，129—131

ignorance as escape，作为逃避的无知 15—16

In the Realm of the Senses（film），《感官世界》92—93

Iraq war，伊拉克战争 14，71—72

Ireland，爱尔兰 42

Isolde，伊索尔德，戈特弗里德·冯·斯特拉斯堡的《特里斯坦》中的人物 94，118

Jesuit ceremony，耶稣会仪式 18

Judaism，犹太教 62—64

Kafka，Franz，卡夫卡，弗朗兹 135

Keats，John，济慈，约翰 163—164

Klee，Paul，克利，保罗 11，12 及下

168 历史的恐怖——西方文明中生活的不确定性

索 引

页

"The Knight with the Lion"（Chrétien de Troyes），"狮子骑士"（克雷蒂安·德·特罗亚）118
knowledge pursuit，追求知识，见美学回应
Lahiri，Jhumpa，裘帕·拉希莉 138
Lancelot，兰斯洛特 118
The Last of the Just（Schwartz-Bart），《最后的公正》（施瓦兹-巴特）134
Leto，莱托 148—149
"L'invitation au voyage"（Beaudelaire），《邀你去旅行》（波莱德尔）164—165
locked-in syndrome，"闭关锁综合征" 142—143
London，Thomson's poem about，伦敦，汤姆森的诗歌所描述的 167—168
Looking Backward（Bellamy），《回溯过去》（贝拉米）125，145—146
Love，爱情
~作为一种逃避 94，116—119，160—161
~概述，20，105—107
~浪漫的表达，107—110，160—162

Mackay，Ruth，麦凯，露丝 xv，158
martyrdom，殉道 19，61
Marx，Karl，马克思，卡尔 32，145，147
material world，物质世界，作为逃避而拥抱~：性愉悦的仪式表达 92—97，120—127；狂欢聚会 97—98；范畴
物质世界（续）边界的种种挑战 85—87；
~与日常的快乐 98—102
~与卡特丽娜的例子 xiv

~的种种局限 129—130
~概述 xiii，19—21，29—31，88—92，126—127
~之瘟疫的例子 xiii，83—85
~的宗教要素 85—86，91—92
~的价值争论 102—105. 同时参见 love
meaningfulness，意义 1—4，14—17，150—152，158—159，168—170
Meursault，in *The Stranger*，"梅尔索特"，出自《局外人》6
millennial movements，千禧年运动 28—29，54—55，62—64，72—77
moderate living strategy，节制的生活战略，参见 material world，embracement as escape
Moore，R. I.，莫尔，R. I 51
Mortality，死亡 15—16，22，58，132，137，171. 同时参见 meaningfulness
Mount Santa Tecla，圣特克拉山 79—81
Münster，明斯特 38，56
Müntzer，Thomas，闵采尔，托马斯 56
music，音乐 96—97，135
mysticism，神秘主义 27—28，48—56，77—81

The Name of the Rose（Eco），《玫瑰之名》（艾柯）55
The Namesake（Lahiri），《同名人》138—139
narrator's entanglement，叙述者的牵连 23—24
nature，大自然 118
Neoplatonism，新柏拉图主义 57
Nietzsche，Friedrich，尼采，弗里德里希 15，96，99
1984（Orwell），《一九八四》（奥威尔）

100，123
novel reading，阅读小说，～与人权的联系 137—138
Noyes, John Humphrey，诺伊斯，约翰·汉弗莱 126

"Ode on a Grecian Urn"（Keats），《希腊古瓮颂》164
Odyssey，《奥德赛》15，139
Oedipus at Colonus（Sophocles），《科罗诺斯的俄狄浦斯》（索福克勒斯）26
Old Testament，《旧约》36—37
120 Days of Sodom（de Sade），《索多玛120天》124—125
Oneida Society，奥奈达社区 126
Oration on the Dignity of Man（Pico della Mirandola），《论人的尊严》（皮科·德拉·米兰达）121
Orwell, George，奥威尔，乔治 100，123
Ovid，奥维德 117

Paris，巴黎 154，165
performances，world history class，表演，世界历史课 139—140
Petronius，佩特罗尼乌斯 94—95
La peur en Occident（Delaumeau），《西方的恐惧》（德吕莫）65
physical pleasure，肉体愉悦，参见 material world，embracement as escape
Pico della Mirandola，皮科·德拉·米兰多拉 121
plague, bubonic，瘟疫，鼠腺疫 ix-xii，83—85，131
Plato，柏拉图
　～论伦理 44
　～论爱情 117
　～在理性—非理性对话的文本中 88
　～论加以审视的生活 21
　～乌托邦式的描绘 125，144—145，147，153
pleasure，愉悦，参见 material world，embracement as escape.
poetry，诗歌 163—165，167—168，172
political order and power，政治秩序与权力
　～代价 13—14
　～分散注意力的各种措施 26
　～与宗教 40—44，61—62，70，74—77
"Porphyria's Lover"（Browning），《波菲利雅的恋人》162
Portugal，葡萄牙 34，73
progress and barbarism，进步与野蛮 10—14，46—47，66—67
property accumulation, opposition，财富积聚，反对 48—50
Proust, Marcel，普鲁斯特，马塞尔 155—158，162
Puritans，清教徒 61—62

rapture expectations，"大欢喜"的期盼 38—39，60—61
rationality-unrationality，理性-非理性 6—9，46—47，66—67，70—71
raves，狂喜 95，96
reason-unreason，理智-不理智 6—9，46—47，66—67，70—71
religion，宗教
　～作者的体验 35—36，48，68—69，77—81
　～信念与知识 39—40
　～道德争论 44
　～与神秘主义 27—28
　～与政治权力 40—44，61—62，70，74—77

索 引

religion as escape，作为一种逃避的宗教
～在古代世界 57—58，60，91
～范畴边界的挑战 85—87
～基督教的作用 57—59
～恐惧的作用 64—66
～卡特丽娜的例子 xiv
～与拥抱物质世界，85—86，91—92
～千禧年运动 28—29，54—55，62—64，72—77
～概述 17—19，27—29，36，44—48，56—57
～瘟疫的例子 xii-xiii
～"大欢喜"的期盼 38—39，60—61
～抵抗的要素 55—56，61—62，72—77
～阿西西的弗朗西斯的作用 48—55
～的传统 59—60
～猎巫狂热 29，46，65—72
～愤怒之神的解释 36—38，71—72
Religious Warfare（Housley），《宗教战争》（豪斯利）18—19
Remedies of Love（Ovid），《爱的补救》（奥维德）117
Republic（Plato），《理想国》（柏拉图）44，125，144—145，147，153
resistance，抵制
～与宗教 55—56，61—62，72—77
～与性愉悦 123
Restif de la Bretonne，雷蒂夫·德·拉布勒托纳 122—123
Rimbaud, Arthur，兰波，亚瑟 163—164
Rome，罗马 57—59，94—95
routines，daily，日常事务 xiii-xiv，90，98—102，150—152，158—159
Ruskin, John，拉斯金，约翰 153

Russell, Jeffrey Burton，罗素，杰弗里·伯顿 56

Sabbatai Zevi，沙巴泰·泽维 62—63
Santa Barbara story，圣芭芭拉节的故事 108—116
Santería ceremony，萨泰里阿教的仪式 68—69
Santillana，桑塔耶拿 24
Saturn Eating His Children（Goya），《农神食子》（戈雅）25，172
Satyricon（Petronius），《萨蒂利孔》（佩特罗尼乌斯）94—95
scholarly life, Huxley's appraisal，学者的生活，赫胥黎的评价 129—131. 同时参见 writing response
Schwartz-Bart, André，施瓦兹-巴特，安德烈 134
science fiction/fantasy，科幻小说/狂想 31，147—148，171
Scientific Revolution, unreason parallels，科学革命，非理性的相似事例 9
Sebastianism，塞巴斯蒂安主义 34，73
security, unpredictability，安全，不可预测性 13
sensual pleasure，感官愉悦，参见 material world, embracement as escape
Sentimental Education（Flaubert），《情感教育》112
September 11 attacks，9·11 袭击 13，61
sexual pleasure as escape，作为逃避的性愉悦 92—94，120—127，130
Shakers，震颤派 126
short stories, author's，作者的短篇故事 107—116，135—136
Silmarillion（Tolkien），《精灵宝钻》（托尔金）171
Smith, Winston，史密斯，温斯顿

100，123

Solon，梭伦 22

Sophocles，索福克勒斯 14—15，26，160

Spain，西班牙 34，73

Sparta，斯巴达 145

Stoicism，斯多葛派学说 169—170

The Stranger（Camus），《局外人》（加缪）6，26，160

Strayer，Joseph R.，斯特雷耶，约瑟夫·R. 90

El sueño de la razón produce monstruos（Goya），《理性的沉睡催生恶魔》（戈雅）6，7及下页

suicide 自杀 118—119，149，150

Swann's Way（Proust），《去斯万家那边》（普鲁斯特）155—156

Sybaris，锡巴里斯 92

Symposium（Plato），《会饮篇》（柏拉图）117

Tacitus，塔西佗 94—95

technological advances, unreason parallels，技术进步，非理性的相似事例 9—11，46—47

terror/anxiety of history，历史的恐怖/焦虑

～概述：各种逃避战略的总结 15—22，25—34

～作为一种现实 4—9，150—152，171—172

～书写各种挑战 10—17，23—25. 同时参见 aesthetics

Terror of History class, appeal of，"历史的恐怖"课程的魅力 1—2

"The Eve of Santa Barbara"（Ruiz），"圣芭芭拉节前夜"（鲁伊斯）108—116

Thomson，James，汤姆逊，詹姆斯 167—168，171—172

time，时间

～与美学回应 137，140，153—154，155—158，160—165

～与人类的意识 24—25，132，171—172

～与意义 160—162

Time Regained（Proust），《重现的时光》（普鲁斯特）162

The Toilers of the Sea（Hugo），《海上劳工》（雨果）118

Tolkien，J.R.R.，托尔金，J. R. R. 171

Trasymachus，特拉西马库斯 144

Trimalchio's feast，特里马乔之宴 94—97

Tristan（Gottfried von Strassburg），《特里斯坦》（戈特弗里德·冯·斯特拉斯堡）94，117—118

Truffaut，François，特吕弗，弗朗索瓦 138

2001（Clarke），《2001》（克拉克）147—148

Underhill，Evelyn，昂德希尔，伊夫林 86

utopian communities，乌托邦社群 30—31，125—126，143—149

van Gogh，Vincent，梵高，文森特 150

Venice，威尼斯

～在作者的短篇故事中 108—109，110—111

～在波莱德尔的描述中 164—165

Venice and Proust（Collier），《威尼斯与普鲁斯特》（科利尔）158

violence theme，暴力主题 32，61，62，同时参见 religion as escape; sexual plea-

索 引

sure as escape; writing response
Voltaire,伏尔泰 106

Waldo,Peter,沃尔多,彼得 49
warfare and religion,战争与宗教 40,41—43
wealth accumulation,opposition,财富积聚,反对 48—50
webs of significance,重要性之网 43
witch craze,猎巫狂热 29,46,65—72
Wittgenstein, Ludwig,维特根斯坦,路德维希 133 注
Woodstock festival,伍德斯托克节 53,96
The World as I Found It(Duffy),《我眼中的世界》(达菲) 133
wrathful god,愤怒之神 36—38,71—72
writing response,书写回应
　～与焦虑的驱除 132—133,134—136
　～作为回应与记录 34—35
　～与意义 158—160
　～概述 31
　书写对瘟疫的～ xii,131 同时参见 aesthetics response 美学回应

"The Yellow Flower"(Cortázar),《黄花》(科塔萨尔) 170—171
Yourcenar, Marguerite,尤瑟纳尔,玛格丽特 57
Yvain, in Chrétien de Troyes' story,伊万,在克雷蒂安·德·特罗亚的小说中 118

图书在版编目(CIP)数据

历史的恐怖:西方文明中生活的不确定性/(美)特奥菲洛·鲁伊斯著;付有强译.—北京:商务印书馆,2022
(2023.6 重印)
(新史学译丛)
ISBN 978-7-100-20971-7

Ⅰ.①历… Ⅱ.①特… ②付… Ⅲ.①世界史—中世纪史—研究 Ⅳ.①K13

中国版本图书馆 CIP 数据核字(2022)第 070256 号

权利保留,侵权必究。

新史学译丛
历史的恐怖
西方文明中生活的不确定性
〔美〕特奥菲洛·鲁伊斯 著
付有强 译

商 务 印 书 馆 出 版
(北京王府井大街36号 邮政编码100710)
商 务 印 书 馆 发 行
北 京 冠 中 印 刷 厂 印 刷
ISBN 978-7-100-20971-7

2022年9月第1版 开本 787×1092 1/16
2023年6月北京第2次印刷 印张 11¼
定价:56.00元